C.H.BECK WISSEN

in der Beck'schen Reihe

Deutschland ist über Jahrhunderte hinweg eine Kulturregion mit vielfältigen Wanderungsbewegungen gewesen. Männer und Frauen deutscher Dialekte und zahlreicher regionaler Kulturen sind aus ihrer jeweiligen Heimat ausgewandert, um neue Lebensperspektiven zu finden, Menschen anderer Kulturen – Juden, Hugenotten, Türken u. v. a. m. – sind umgekehrt in Deutschland eingewandert. Dirk Hoerder bietet einen chronologischen Überblick über die Auswanderung, zeigt die unterschiedlichen Motive, die Auswahl der Ziele, die quantitativen Ausmaße und die kulturellen wie wirtschaftlichen Auswirkungen.

Dirk Hoerder, Prof. Dr., ist vielfach ausgezeichneter Spezialist der globalen Migrationsforschung. Er lehrt nach seiner Emeritierung in Bremen an der Arizona State University.

Dirk Hoerder

GESCHICHTE DER DEUTSCHEN MIGRATION

Vom Mittelalter bis heute

Verlag C.H.Beck

Originalausgabe

Satz, Druck u. Bindung: Druckerei C.H.Beck, Nördlingen
Umschlagentwurf: Uwe Göbel, München
Printed in Germany
ISBN 978 3 406 58794 8

www.beck.de

Inhalt

1. Begriffe, Konzepte, Historiografie, Ideologisierungen

Im historischen Bewusstsein Deutschlands ist von allen Migrationen nur «Auswanderung» als Thema verankert, und dies wiederum beschränkt auf die Amerikawanderung und die Ostsiedlung. Die komplexen internen Migrationen und innereuropäischen Zuwanderungen fehlen. Oft geht diese «Erzählung» auch von einer Überlegenheit der materiellen und geistigen Kultur der Deutschen in der Ferne aus. Dieses nationalideologische Denken übersieht, dass Auswanderung keine zivilisatorische Mission ist, sondern Kritik an bestehenden Verhältnissen bedeutet: Das Land ernährt die Familie nicht, bietet zu wenig berufliche Chancen, verlangt hohe Steuern und verhindert politische Beteiligung. Die wissenschaftliche Bearbeitung des Themas war lange aufgespalten in Teilaspekte wie Aus- und Einwanderung, Land-Stadt-Wanderung und Zielregionen. Eine integrierte Analyse der Migrationen aus und in die deutschsprachige Großregion vom 9. Jahrhundert bis zur Gegenwart bietet ein sehr viel komplexeres Bild mit definierbaren Herkunftsregionen und nahezu weltweit gestreuten Zielorten.

a) Kontexte: Raum, Sprache, «Heimat», Expansionsideologien

Gesellschaftliche Erinnerung, akademische Diskurse und politische Proklamationen reflektieren Interessenlagen, ideologische Vorgaben und den Horizont zeitgenössischen Denkens. Auswanderung wird meist räumlich gedacht in den Grenzen des Deutschen Reiches, die jedoch erst 1871 bzw. 1918 gezogen wurden. Staatsgrenzen werden weder Makroregionen gerecht, wie hier dem zentraleuropäischen deutschsprachigen Raum, noch Kleinregionen wie Schwaben oder Mecklenburg. Grenzen zwischen dynastischen Staaten sind gemäß Familieninteressen, durch Kriege und andere machtpolitische Strategien so oft verändert worden, dass Territorien wie ein Akkordeon ausgedehnt oder komprimiert wurden. Herrscher haben Teile «ihrer» Bevölkerungen – in der Zeit der Religionskriege und des Antisemitismus – zur Auswanderung gezwungen; sie haben kulturell anders lebende Menschen – wie die französischen Hugenotten – zur Zuwanderung eingeladen. Die Ideologie von Nation und Nationalstaat, im 19. Jahrhundert entstanden, hat Unterschichten, besonders das städtische Proletariat, aus politischen Prozessen ausgeschlossen und Frauen keine eigene nationale Zugehörigkeit eingeräumt. Wirtschaftliche Entwicklungen haben Menschen überflüssig gemacht oder zusätzlichen Arbeitskräftebedarf bewirkt. Die deutschsprachige Region, im Englischen *the Germanies,* war differenziert durch politische Grenzen, regionale Kulturen, nach Klasse, Schicht und Geschlecht. In Zeiten unzureichender Lebensqualität sind Menschen abgewandert, im 19. und 20. Jahrhundert allein etwa 7 oder 7,5 Millionen nach Übersee – Migration über Landesgrenzen wurde nicht gezählt. In guten Zeiten sind Menschen anderer Sprachen und Kulturen zugewandert.

Da Sprache – Muttersprache in einem Vaterland – oft nationalideologische Denkformen tradiert, müssen neutrale Begriffe gesucht werden. *Deutsche* Auswanderer ebenso wie einwandernde Männer und Frauen kamen aus und in vielfältig differenzierte kulturelle Regionen mit eigenen Dialekten. Menschen aus Oberbayern hätten sich weder mit Mecklenburger Platt sprechenden Reisenden noch mit Elsässern unterhalten können. Dieser dialektdifferenzierte Raum war von benachbarten Sprachräumen nicht abgegrenzt, sondern verbunden durch zwei- oder mehrsprachige Gebiete mit Dänen, Niederländern, Franzosen, Elsässern, Italienern, Slowenen und Kroaten, aschkenasischen Juden, Polen. Wanderungsvorgänge müssen im Rahmen dieser Differenzierung untersucht werden.

Die politischen Einheiten, die Auswandernde verließen oder Einwandernde erreichten, schließen das Reich Karls des Großen ein, das zeitweise bis nach Sizilien ausgedehnte Alte Reich, später zersplittert in rund 300 Klein- und Mittelstaaten, und, ab 1871, das Deutsche Reich mit seinen 1918 und 1945 schrumpfenden Grenzen. Andere lebten in den deutschsprachigen Kantonen der Schweiz und im österreichischen Teil des Habsburgerreiches. Dies zeigt, dass Begriffe wie «Heimat» oder «nationale Identität» in der traditionell üblichen Bedeutung nicht verwendbar sind. «Heimat» ist nicht eine Nation oder ein Staat, sondern die Mikroregion, in der Kindheit und Jugend verbracht und Sozialisation erfahren wurde. Erst mit dem Entstehen des nationalen Schulsystems wurde die Gesamtheit von Gesellschaft und Staat für kulturelle Zugehörigkeit (*belonging*, *embeddedness*) bedeutsam. Nationales Bewusstsein begann sich schichtenspezifisch als prozesshafte «Identifikation» im ersten Drittel des 19. Jahrhunderts zu entwickeln; im letzten Drittel entstanden die rassistischen Tropen von Blutzugehörigkeit und nationalem Erbgut und die essenzialistische «nationale Identität».

Diese Diskursformen haben die Einstellungen zu Migranten tief beeinflusst: Abwandernde wurden zu Deutschen (statt Deutschsprachigen) und Zuwandernde wurden zu Fremden. Dynastische Staaten boten zuwandernden «Anderen» durch Sonderstellung Eingliederungsmöglichkeiten, Nationalstaaten grenzten sie als «Fremde» aus oder zwangen sie zur Assimilation. Die Anderen innerhalb des nationalen Territoriums – Sorben, Polen oder Friesen – wurden zu «Minderheiten» mit beschränktem Zugang zu gesellschaftlichen Ressourcen und politischen Institutionen. Unter diesen sowie wirtschaftlichen Veränderungen haben von 1815 bis 1950 etwa 55 Millionen Europäer ihr Geburtsland – ein Begriff, der neutraler ist als der der Nation – verlassen, «Heimaten», in denen sie sich nicht ernähren konnten. Aus den nationalen Meistererzählungen wurden sie ebenso wie Einwanderer ausgeschlossen. Kulturelle Eigenheiten und selbstbestimmtes Handeln passten nicht in das Konstrukt nationaler Einheit.

Auch die jeweilige «neue Heimat» war nicht ein Gesamtstaat, sondern die jeweils gewählte Region: Ländereien an der Donau, Nachbarschaften in Toronto, Dörfer in Wisconsin. Erst nach

Schaffung einer familienökonomischen Basis erweiterte sich der Blick der Neuankömmlinge auf die größere Gesellschaft oder den Gesamtstaat. In den Zuwanderungsgebieten – ob Zarenreich, USA oder Australien – konnten weder Einwanderungs- und Zensusbehörden noch die neuen Nachbarn die Vielfalt deutschsprachiger Kulturen erkennen. Dass sich die rheinländische Kultur von der der Hansestädte unterschied, dass es in Wien oder Sachsen unterschiedliche Ess- und Trinkgewohnheiten gab, blieb den von außen auf die «Neuen» Schauenden verborgen. Statistiken differenzierten nach Herkunftsstaat, Nachbarn verwendeten den generischen Begriff «Deutsche», im Amerikanischen oft zum klangähnlichen *Dutch* verballhornt. Analog wurden alle seit den 1890er Jahren aus dem neuen italienischen Staat ins Deutsche Reich Zuwandernden trotz unterschiedlicher Dialekte und Kulturen zu «Italienern».

Politisiert wurden die Benennungen, als die nationaldynastischen Staaten Europas, aber auch diejenigen Nordamerikas und das Zarenreich seit den 1870er Jahren einen expansiven Chauvinismus entwickelten: Zuwanderer sahen sich Germanisierungs-, Amerikanisierungs-, Russifizierungsprogrammen gegenüber. Unter diesem Denken begann sowohl die Migrationsforschung wie die Konstruktion nationaler Meistererzählungen: Begrifflichkeiten und Namenszuschreibungen sind nicht integraler, natürlicher Teil einer Sprache, sondern Ausdruck politischer Strategien und machtpolitischer Interessen. Sie alle müssen auf empirische Genauigkeit und wissenschaftliche Verwendbarkeit überprüft werden.

Die Geschichte der Auswanderung ist, wie alle Geschichte, multiperspektivisch: die Perspektive der nicht Gewanderten, die der Auswanderer, die der Einwanderer. Migranten, die sich auf ihre neue Gesellschaft einlassen, bewahren in der Erinnerung eine Ausgangsgesellschaft, wie sie sich zum Zeitpunkt ihrer Abreise in geschlechts-, klassen- und regionsspezifischen Variationen dargestellt hat. Die Erinnerung bleibt stationär, *frozen in time*, die Ausgangskultur entwickelt sich weiter. Andere, die nicht bereit sind, sich auf ihre neue Umgebung einzulassen, fügen der stationären Erinnerung meist eine Idealisierung hinzu und manövrieren sich so in die Isolierung. Auch Gettoisierung durch die Empfängerkultur ist möglich. Sie hindert Zuwanderer, ihr volles Potenzial zu realisieren, und sie hindert die ausgrenzende Kultur, das volle Potenzial von Neuankömmlingen zu nutzen.

Der Entstehungskontext von Forschung und Erinnerung an Aus- und Einwanderung, zeitgebundene sprachliche Konnotationen und nationalideologische Vorgaben haben das wissenschaftliche und allgemeine Verständnis von Migration behindert und verformt. Neue, neutrale Termini und Konzepte sind notwendig.

b) Begrifflichkeiten und Konzepte

Der übliche Begriff «deutsche *Aus*wanderung», genau wie der in den Ankunftsgesellschaften übliche Begriff *Ein*wanderung, impliziert einen einmaligen Wanderungsvorgang von permanenter Dauer. Im Gegensatz zu dieser Annahme haben sich viele Männer und Frauen einzeln oder als Familien (mit Kindern) prozesshaft bewegt: Sie sind für eine Reihe von Jahren ins Ausland gegangen und dann zurückgekehrt; sie sind vielfach hin und her (zirkulär) gewandert; sie sind in Etappen gewandert, aus ländlichen Regionen in eine nahe Stadt, von mittleren Städten in eine Großstadt oder Industrieregion, von dort über Hafenstädte (heute: Städte mit Flughäfen) ins benachbarte transkontinentale oder transozeanische Ausland. Neutral ist dies «Wanderung» oder «Migration». Ihre Verläufe müssen in Bezug auf Richtung, Etappen und Dauer für jeden Einzelfall bestimmt werden. Die Begriffe *Ab-* und *Zu*wanderung ermöglichen dies. Die Prozesse können dann zu umfangreichen Wanderungen und Migrationssystemen zusammengefasst werden.

Die alte Begrifflichkeit «Auswanderung» stammt aus einer historischen Zeit, in der bäuerliche Familien kein Auskommen fanden («Heimat» ohne Überlebenschancen), ihre wenigen Habseligkeiten verkauften und so eine Rückkehrmöglichkeit ausschlossen. Migration kann unbeabsichtigt dauerhaft werden – die Migranten planen ihre Rückkehr, verschieben sie aber immer wieder, bis sie schließlich in der neuen Gesellschaft sterben.

Sie kann unfreiwillig dauerhaft sein, wenn die Bedingungen in der Herkunftsgesellschaft politisch, wirtschaftlich oder gesellschaftlich so wenig zufriedenstellend bleiben, dass eine Rückkehr unmöglich ist.

Menschen werden nicht mechanisch abgestoßen oder angezogen (*push and pull*), sondern entscheiden im Rahmen ökonomischer Zwänge (also nicht völlig frei), ob sie abwandern oder sesshaft bleiben, ob sie sich mit einer reduzierten Lebensweise abfinden oder die Lebensbedingungen und -perspektiven in ihrem Geburtsland aktiv im Rahmen von bäuerlichen Verbänden, Gewerkschaften oder Parteien verbessern wollen. Sie migrieren im Kontext von Netzwerken und Informationsflüssen in Zielregionen, über die sie Kenntnisse durch früher Abgewanderte erhalten haben. Sie kalkulieren ihre Chancen so genau wie möglich, da Rückwanderung erneut Kosten verursachen würde. Im Rahmen von Familienökonomien entwickeln sie Strategien: Entsendung eines oder mehrerer Familienmitglieder, um zusätzliches Einkommen zu erzielen und dies «nach Hause» schicken zu lassen (Erhalt einer durch national- oder makroökonomische Faktoren marginal gewordenen Lebensweise); Abwanderung der gesamten Familie, was entsprechende Mittel erfordert; oder Vorauswanderung eines Familienmitglieds, das Teile seines neuen Einkommens (in Form von *prepaid tickets*) zurückschickt, damit andere folgen können. Naturmetaphern wie «Wanderungswellen» oder «Menschenströme» verhindern die Wahrnehmung solch komplexer Entscheidungen.

Migranten geben am Ziel ihre alltägliche Lebensweise, ihre materielle Kultur nicht auf. Sie assimilieren sich nicht bedingungslos, sondern beginnen einen schrittweisen Prozess der Akkulturation, einer Annäherung an die neue Gesellschaft. Sie ändern Gewohnheiten und Praktiken, erlernen die neue Sprache oder zumindest die für sie relevanten Sprachregister in einem Prozess des Aushandelns von notwendigen oder geforderten Veränderungen. Sie sind bereit zu einer (teilweisen) Eingliederung (*accommodation*, *adjustment*), wobei die Empfängergesellschaft die Möglichkeiten zu Integration oder Inkorporation bieten muss. Ohne diese beidseitige Bereitschaft erfolgt eine

Selbstsegregation oder Ausgrenzung. Die volle Teilhabe an der neuen Gesellschaft wird prozesshaft über – meist – drei Generationen erreicht. Die Rhetorik des «Kulturverlustes» belastet den Prozess, das Einbringen von Eigenheiten und Arbeitskraft, die die neue Gesellschaft ihrerseits verändern, erleichtert ihn. Je nach staatlich gesetztem Rahmen können Neuankömmlinge und Alteingesessene eine Gemeinschaft bilden oder in Nation und ethnische Enklaven zerfallen.

c) Historiografie, Forschungsparadigmen und systemischer Ansatz

Nachdenken über Migration und Migrationspolitik war seit dem Merkantilismus integraler Teil europäischer Staatslehren: Der Staat und seine Finanzkraft sollten durch eine aktive Bevölkerungspolitik gestärkt werden. Dies schloss die Anwerbung wirtschaftlich leistungsfähiger Untertanen ein. Später spekulierten Bevölkerungsplaner im Gefolge von Thomas R. Malthus (1766–1834) über die Gefahr von Übervölkerung, obwohl seiner These jegliche empirische Basis fehlte. Manche Fürstentümer begannen, Arme und Straffällige zu deportieren. Parallel konstruierten sogenannte Rassentheoretiker wie Joseph Arthur Comte de Gobineau (1816–1882) nichtweiße Völker als unterlegen. Die europäische Auswanderung entwickelte sich in diesem ideologischen Rahmen.

Im 19. Jahrhundert zerfielen die transeuropäischen Staatsphilosophien in nationalstaatliche Diskurse. Als Gründer der Migrationsforschung gilt der aus Frankfurt nach England zugewanderte Humangeograf Ernest G. Ravenstein (1834–1912), der 1885 auf der Basis von Zensusdaten die Mobilisierung ländlicher Schichten für Fabrikarbeit untersuchte und Migrationen von Frauen einbezog. Er erkannte bereits, dass Abwanderung auch Arbeitskräftemangel bewirken und so die Zuwanderung anderer Gruppen anregen konnte. Der Ökonom Leopold Caro (1864–1939) untersuchte ‹Auswanderung und Auswanderungspolitik in Österreich› (1909) und kritisierte, dass trotz Massenabwanderung der Staat keinerlei Anreize zum Verbleib entwickelte, sondern durch den aggressiven österreichischen Nationalismus und daraus folgende kulturelle und wirtschaftliche Diskriminierung, zum Beispiel von Männern und Frauen slowakischer Kultur, viele zur Auswanderung zwang.

Im Reich der Hohenzollern fehlten empirische Untersuchungen. Der Soziologe Georg Simmel notierte vorsichtig, dass Migranten in ihrer Empfängerkultur leben, jedoch nicht teilhaben (‹Exkurs über den Fremden›, 1908). In aggressiv nationalistischer Manier bezeichnete der Soziologe und Ökonom Max Weber polnische Arbeitskräfte in Preußen als rassisch minderwertig, obwohl er erkannte, dass die Auswanderung deutscher ostelbischer Landarbeiter einen Bedarf für Zuwanderer geschaffen hatte. Wissenschaftler anderer Staaten äußerten sich abwertend über Italiener in Frankreich, Tschechen in Wien oder über osteuropäische Juden. Dieser Ethnozentrismus und «wissenschaftliche Rassismus» verringerte die Chancen der so Ausgegrenzten, sich zu integrieren. Davon waren auch deutsche Auswanderer in den USA betroffen.

Die deutsche Wissenschaft kapselte sich ab, während in vielen Ländern die Migrations- und Akkulturationsforschung trotz nationaler Spezifika transatlantisch und international blieb und oft in engem Kontakt mit sozialen Reformbewegungen stand. 1917 wurde in Stuttgart das ethnozentrische «Museum und Institut zur Kunde des Auslandsdeutschtums und Förderung deutscher Interessen im Ausland» gegründet. Das Reich begann, Auswanderer zu instrumentalisieren. In Russland publizierte 1887 der Jurist und Historiker jüdischen Glaubens Michael Kulischer Studien zu Wechselbezügen zwischen Massenwanderung und Wirtschaft und Krieg. Seine Söhne Alexander, der später in einem deutschen Konzentrationslager umgebracht wurde, und Michael, der sich nach seiner Flucht Eugene M. Kulischer nannte, führten die Forschungen fort. In den USA entwickelte die «Chicago School of Sociology» Modelle von Assimilation (Ezra Park). Der Ethnologe William I. Thomas und der polnische Soziologe Florian W. Znaniecki belegten empirisch, dass Migranten transkulturell in ihren beiden Kulturen zu Hause sind. Schon 1897 hatte der Wirtschaftshistoriker William Cunningham in ‹Alien Immigrants to England› den Beitrag von Migranten zu Wirtschaft und Gesellschaft nachgewiesen. Er verlangte in der Wissenschaft einen globalen Ansatz und für die Politik die Anwerbung fähiger Migranten – beides verhallte ungehört.

In Deutschland blieb, trotz hoher Auswanderung und kontinuierlicher Zuwanderung, die Forschung eng an rassische Ideologien gebunden. Die Bevölkerungslehre hatte sich von der Wirtschaftswissenschaft gelöst, von einer biologistischen und rassistischen Position empfahl der Demograf Friedrich Burgdörfer die Deportation ethnisch nicht deutscher Bevölkerungsgruppen. Die Zusammenarbeit zwischen Demografen und nationalsozialistischen Ideologen führte nach 1945 zu einem Kollaps der Bevölkerungs- und Migrationsforschung.

In der BRD der 1950er Jahre entwickelten sich mehrere Forschungsansätze: erstens revanchistisch motivierte Studien zur Ostwanderung, zweitens empirische Arbeiten zur Binnenwanderung und, drittens, Forschungen zur Nordamerikawanderung. Eine ‹Dokumentation der Vertreibung der Deutschen aus Ost-Mitteleuropa› (8 Bde., 1954–1963) des Bundesvertriebenenministeriums behandelte die Zwangswanderungen aus «angestammten» Siedlungsgebieten. Als «Deutsche» bezeichnete sie Staatsangehörige östlicher Staaten, deren Vorfahren vor Jahrhunderten aus Deutschland ausgewandert waren, und verschwieg dabei die Zwangsaussiedlungen von Millionen von Ost- und Zentraleuropäern durch das Naziregime und die deutsche Wehrmacht. Erst seit den 1980er Jahren hat die internationale Forschung eine Neuinterpretation der Ostwanderung ermöglicht (vgl. Kap. 3 unten).

Im Rahmen einer erneuerten Demografie untersuchte Wolfgang Köllmann ‹Binnenwanderung und Bevölkerungsstrukturen der Ruhrgebietsgroßstädte im Jahre 1907› (1958) und die deutsche ‹Bevölkerung in der industriellen Revolution› (1974). Diesem Ansatz folgte Peter Marschalck mit seinen Studien ‹Deutsche Überseewanderung im 19. Jahrhundert› (1973) und ‹Bevölkerungsgeschichte Deutschlands im 19. und 20. Jahrhundert› (1984). Andererseits schlossen pseudowissenschaftliche

Publikationen, auch von Akademikern, an die biologistische Variante der Vorkriegsdemografie an. Als die Arbeitsmigration in die Bundesrepublik («Gastarbeiter») einsetzte, heizten sie mit dem sogenannten Heidelberger Manifest fremdenfeindliche Debatten an.

Die Mittel- und Südamerikawanderung wurde wenig bearbeitet. In den nationalen und faschistischen Dekaden von 1918 bis 1939 hatten Wissenschaftler den als wirtschaftliche Brückenköpfe angesehenen Südamerika-Deutschen mehr Interesse entgegengebracht als den «dekulturierten» Deutschen in Nordamerika. Seit den 1970er Jahren regte die amerikanische Sozialgeschichte im Rahmen des *ethnic revival* deutsche Forschungen zur Nordamerikawanderung an. Günter Moltmann und seine Mitarbeiter untersuchten an der Universität Hamburg Auswanderung im Rahmen des klassischen Ethnizitäts-Paradigmas, nach dem nationale Herkunft in die ethnische Enklave führt. Eine jüngere Generation von Historikern begann, Klasse, Geschlecht und Lebenszeugnisse einfacher Menschen einzubeziehen. Eine Arbeitsgruppe um Hartmut Keil (München) untersuchte klassenspezifische Lebensweisen zugewanderter deutscher Arbeiter in Chicago. Christiane Harzig (Bremen) konzentrierte sich auf geschlechtsspezifische Wanderung mit einer vergleichenden Untersuchung zur Auswanderung von Frauen. Wolfgang Helbich und Walter Kamphoefner lieferten eine wichtige Analyse transatlantischer Kommunikation durch «Amerikabriefe». Den Untersuchungsraum ausweitend, entwickelten andere Forscher ein Paradigma von Migration im atlantischen Wirtschaftsraum (Dirk Hoerder, Bremen).

Innerkontinentale Ost-West-Wanderung und die Gesamtheit der Migrationen aus und nach Deutschland im europäischen Kontext standen im Mittelpunkt der Arbeiten von Klaus J. Bade und Kollegen (Osnabrück). Zuwanderungsforschung – zu Deutschland als Einwanderungsland und, seit 1955, zur «Gastarbeiterfrage» – entwickelte sich schrittweise. Die von der Politik postulierte nur temporäre Präsenz der Zugewanderten, die Ängste mancher Kreise vor «Überfremdung» und das Fortleben von Ideologien nationaler Identität und genetisch definierten

Volkstums ließen keinen breiten politischen Neuansatz zu. Praktiker wie Sozialarbeiter und Lehrer begannen mit angewandter Forschung, um Handlungsmöglichkeiten zu erschließen. Seither ist eine Forschungslandschaft hohen Ranges entstanden (Friedrich Heckmann, Czarina Wilpert, Rainer Münz und viele andere). Insgesamt ist die deutsche Migrationsforschung Teil der internationalen Forschung geworden.

Die neuere Forschung untersucht in einem «systemischen Ansatz» Migrationswege und Akkulturationsprozesse und bezieht in gesamtgesellschaftlicher und regionsspezifischer Perspektive die Ausgangskulturen und die «Reise» durch verschiedene soziale Räume ein. Dabei fließen Handlungsforschung – Konzentration auf Entscheidungen, Praxis und Erfahrungen – und Analyse von Makroregionen (transatlantisch, gesamteuropäisch) zusammen. Den Rahmen bilden internationalisierte Arbeitsmarktsegmente und staatlich gesetzte Inklusions- und Exklusionspraktiken. Migranten werden verglichen mit nicht migrierenden Teilen der Ausgangsgesellschaft und den eingesessenen Menschen der Empfängergesellschaft.

Das Klischee der «Entwurzelung» von Migranten ist ersetzt worden durch empirische Sozialisationsforschung. Als komplexe Erwachsene wollen sie sich in der Zielgesellschaft so verändern, dass sie für sich und ihre Familien schrittweise ein selbstbestimmtes und zufriedenstellendes Leben erreichen. Entwurzelung und Brüche erfahren Zwangsmigranten, zum Beispiel in den faschistischen Arbeitslagern, und Kriegsflüchtlinge. Männer und Frauen erreichen Kontinuität in ihren Lebensprojekten und Identifikationen durch prozesshafte Änderung ihrer ausgangskulturellen Praktiken über eine Phase doppelter Zugehörigkeit (*belonging*), von Homi Bhabha, Arjun Appadurai und anderen als eigener, «dritter» Ort bezeichnet, bis zur Akkulturation, die ihrerseits die Zielgesellschaft verändert. Weder die USA des späten 19. noch das Deutschland des späten 20. Jahrhunderts hätten ohne den Beitrag von Zugewanderten ihre Wachstumsraten erreichen können.

Das Leben nach der Migration, aber noch im Kontakt mit der Ausgangskultur, ist als «Diaspora» (Khachig Tölölyan) bezeichnet worden. Das Konzept setzt Erinnerung an eine reale oder mythische Ausgangsregion («Heimat») voraus, kontinuierliche Bezüge dorthin, aber auch Verbindungen zwischen den vielen, weltweit verteilten sozialen Räumen, in denen sich Migranten dieser Gruppe angesiedelt haben. Für die Mehrzahl ethnokultureller Gruppen sind Bezüge in dieser Komplexität nicht nachzuweisen.

Seit Beginn der 1990er Jahre wird ein Konzept von Transnationalität verwendet, das die Verbundenheit von Migranten zu zwei Nationalstaaten hervorhebt. Dies war zum Beispiel bei Flüchtlingen aus dem faschistischen Deutschland der Fall. Die Lebenszeugnisse der Mehrzahl von Migranten zeigen jedoch, dass sie sich primär ihrer Ausgangs*region* verbunden fühlen und sich mit der Ankunfts*region*, in der sie arbeiten und leben, auseinandersetzen. Sie handeln nicht trans*national*, sondern transregional oder translokal. Sinnvoll ist es deshalb, diese Phase als «transkulturell» zu analysieren und den Rahmen des jeweiligen sozialen Raumes empirisch zu erarbeiten.

Insgesamt verändert Migrationsgeschichte die nationalen Meistererzählungen, in denen weder die mehr als 50 Millionen Menschen, die aus Europa abgewandert sind, noch die ca. 15 Millionen Rückwanderer einen Platz hatten. «Nation» und «Grenze» verändern ihre Bedeutung, wenn Grenzüberschreitung und multiple Identifikationen einbezogen werden.

d) Periodisierung

Auf das Zeitalter des römischen Vordringens, der Völkerwanderungen, der Wikingerzüge und der staatsbildenden Migration der Normannen folgte im Mittelalter, so die klassische Interpretation, eine Phase der Sesshaftigkeit, fast Bewegungslosigkeit. An dieser Zäsur setzt diese Darstellung ein und stützt sich auf neue Befunde: Auch Mittelalter und Frühe Neuzeit waren durch vielfältige Mobilität gekennzeichnet – reisende Eliten, migrierende Kleriker, Kaufleute (Kap. 2). Im 9. Jahrhundert beginnen südost- und ostwärts gerichtete Abwanderungen, die in veränderten Formen bis ins 19. Jahrhundert andauern (Kap. 3). Vom

17. bis zum 19. Jahrhundert sind zahlreiche Wanderungsbewegungen im süd-, west- und nordeuropäischen Großraum nachzuweisen (Kap. 4). Erst nach 1600 beginnt die westwärts gerichtete, transatlantische Auswanderung, anfangs fast ausschließlich nach Nordamerika. Das Zeitalter der Revolutionen verlangsamt Fernwanderungen, die folgenden kriegerischen Auseinandersetzungen bringen sie zum Erliegen. Nach 1815 beginnt erneut die transatlantische Wanderung, seit den 1870er Jahren aus dem gesamten deutschsprachigen (und europäischen) Raum (Kap. 5).

Tief greifende Veränderungen charakterisieren diese Zeit von 1880 bis 1914. Die Regierung des zweiten Deutschen Reiches versucht Auswanderer in die neuen Kolonien zu dirigieren; die Industrialisierung beendet die klassische Auswanderung und erfordert Zuwanderung von sogenannten Fremdarbeitern. An dieser Stelle ist eine Zwischenbilanz sinnvoll: Staat und Wirtschaft propagieren das Konzept eines «Auslandsdeutschtums», zwingen es den Ausgewanderten und ihren Nachkommen auf und gestalten das Reich gleichzeitig vom Auswanderungs- zum De-facto-Einwanderungsland um (Kap. 6).

Der Erste Weltkrieg bedeutet eine weitere, einschneidende Zäsur: Fluchtwanderungen vor den Armeen der Habsburger- und Hohenzollernimperien; nach der Niederlage die Flucht deutschsprachiger Männer und Frauen; in den 1920er Jahren erneut Auswanderung und seit Mitte der 1930er Jahre wieder Zuwanderung von Fremdarbeitern für die Waffen- und Schwerindustrie; ab 1933 fliehen Deutsche jüdischen Glaubens, politisch Verfolgte und andere von Vernichtung bedrohte Gruppen. Der Zweite Weltkrieg bedeutet weitere Flucht, Zwangsarbeitermigrationen und Massendeportationen, zuerst durch die deutschen Armeen, dann durch die vordringenden Kräfte der Alliierten, besonders im Osten. Unmittelbar nach dem Krieg wandern *Displaced Persons* sowie Deutsche und Österreicher aus, da sie in der postfaschistischen Trümmerwelt keine Lebenschancen erkennen können (Kap. 7). Die Reindustrialisierung der BRD und, in anderer Form, der DDR bedeutet in Westdeutschland einen hohen Arbeitskräftebedarf und umfangreiche Zuwanderungen (Kap. 8). Ein abschließender kurzer Vergleich zeigt, dass deutsche wie europäische Geschichte insgesamt eine Geschichte von Auswanderung, Zuwanderung und vielfältiger Mobilität ist, und weist auf Unterschiede und Ähnlichkeiten zwischen den Staaten hin (Kap. 9).

2. Migration in Mittelalter und Früher Neuzeit

Das Mittelalter, oft als Periode der Sesshaftigkeit verstanden, war eine Zeit vielfältiger Mobilität im deutschsprachigen Zentraleuropa mit seinen bi- oder mehrkulturellen Regionen. Das Kapitel behandelt zuerst die «alltägliche» Mobilität von weltlichen und klerikalen Eliten, von Händlern und Soldaten, von einfachen Menschen in Land und Stadt und von speziellen Gruppen wie Scholaren, Studenten und Pilgern. Dann werden Aus-, Ein- und Fernwanderungen von Juden, Normannen und Kreuzzüglern dargestellt und Verbindungen von Kaufleuten und Klerikern in ferne Regionen analysiert. Abschließend wird auf die Zäsuren durch Pest und Dreißigjährigen Krieg Mitte des 14. und 17. Jahrhunderts eingegangen sowie auf die Zwangswanderungen durch die Religionskriege.

a) Allgegenwärtige Mobilität: Eliten, Mittel- und Unterschichten

Mittelalterliche Sozialräume wie Höfe und Klöster, durch Mauern umgrenzte Städte und Regionen mit Leibeigenschaft deuten auf festen Wohnsitz und geringe Mobilität. Empirische Daten hingegen belegen vielfältige politisch, beruflich und wirtschaftlich bedingte sowie durch Lebenszyklen wie Geburt, Heirat oder Tod verursachte Ab- und Zuwanderungen. Manche dieser Migrationen waren spezifisch für die Periode, andere zeigen Kontinuität bis ins 19. Jahrhundert. Eliten, städtische Bevölkerungen und ländliche Schichten, alle hatten teil an den Ortsveränderungen: Die überwiegende Mehrzahl der Migranten verblieb in ihrem Stand, veränderte aber die geografisch-kulturelle Region. «Brautfahrten» von Töchtern des Adels oft mit großem Gefolge an fremdkulturelle Höfe werden in der Literatur beschrieben. Forschungen zu Dorfkulturen zeigen, dass sich der Wechsel von der Geburtsfamilie in die des Ehepartners mit dem Konzept von Migration fassen lässt. Frauen waren bei Überschreiten der Grenze zum Nachbardorf und Eintritt in dessen «fremde» Gemeinschaft sowohl bei der «Aus-» wie der «Einwanderung» aufwendigen Zeremonien ausgesetzt. Andreas Gestrich hat gezeigt, dass es für sie im 19. Jahrhundert leichter war, nach Amerika auszuwandern, als zur Heirat in einen Nachbarort zu migrieren.

Von elementarer Bedeutung für die Migration im ländlichen Bereich ist das Verhältnis von Demografie zu Ökonomie. Im Rahmen der Landbesitzverhältnisse konnten bäuerliche Familien mit hoher Kinderzahl nur eine begrenzte Anzahl von Kindern ernähren, beschäftigen und mit einem Erbteil versorgen. Daraus folgte eine hohe, systembedingte Mobilität: Jungen und Mädchen mussten als Tagelöhner und Mägde in «Dienst» abwandern. In derartigen Nahwanderungen überschritten besonders junge Frauen soziale Grenzen: die Distanz zwischen ländlicher und urbaner Lebensweise, zwischen kleinbäuerlichen und bürgerlichen Haushalten sowie zwischen Wirtschaftssektoren. Diese Bewegungen waren umfangreich, laut Olwen Hufton waren im Frankreich des 18. Jahrhunderts fast ein Siebtel der Stadtbewohner weibliche Dienstboten. Kamen Frauen als Rückwanderinnen wieder ins Dorf, transportierten sie die materielle städtische Kultur in ländliche Kontexte. Neben diese zirkuläre Wanderung trat dauerhafte Abwanderung: Die «überzähligen», auf den kleinen Höfen nicht zu ernährenden Kinder mussten das elterliche Haus und die Region zu Beginn der Adoleszenz oder nach Heirat verlassen. Andere Untersuchungen zeigen, dass nur wenige Familien über mehr als drei Generationen an einem Ort nachzuweisen sind.

Diese Befunde widersprechen dem Bild eines Feudalsystems, das Familien durch Leibeigenschaft an Scholle und Feudalherrn band. Forscher wie Georges Duby, Werner Rösener, Gerhard Jaritz, Albert Müller und andere zeigen, dass je nach Kultur- und Wirtschaftsepoche der feudalwirtschaftliche Arbeitskräftebedarf stark schwankte. Wenn Jagd und folglich Wald einen hohen Stellenwert in der Adelskultur besaßen, mussten leibeigene Bauern «freigesetzt» werden und auswandern; wurde hingegen landwirtschaftliche Produktion gefördert, mussten Leibeigene angeworben oder mit Waffengewalt aus benachbarten Regionen «eingeführt» werden. Diese lokale Mobilität, Kinderzahl und Erbteilung bildeten den Kontext für die Auswanderung in schwierig zu beackernde und daher nur dünn besiedelte Nachbargebiete, in ferne, baltisch und slawisch besiedelte Gebiete und, seit dem 17. Jahrhundert, nach Nordamerika.

Waren die Unterschichten mobil, aber lokal sozialisiert, so handelten und bewegten sich die Eliten transeuropäisch: Adelsfamilien heirateten über große Entfernungen; durch Erbfolge und Heiratsverträge stückelten sie Territorien, Staaten und damit Untertanen zusammen. Dies umfasste auch Großräume wie das Reich der Hohenstaufen und die Verbindung des habsburgischen Spaniens mit einem Teil der Niederlande. Zwar wurden ab Mitte des 17. Jahrhunderts dynastische Territorien stabiler, doch blieb die transeuropäische Dimension bis ins 19. Jahrhundert erhalten.

Im Reich der christlichen Kirchen wanderten hohe Kleriker und oft auch der niedere Klerus zwischen Bischofssitzen, Klöstern und Pfarren – nicht Unterschiede zwischen den einzelnen Kulturräumen waren von Bedeutung, sondern die westeuropaweit geltenden kirchlichen Normen und klösterlichen Lebensformen. Grenzlinien lagen im Osten gegen die orthodoxen christlichen Kirchen, im Mittelmeerraum gegen den Islam und innerhalb der Regionen gegen die Juden. Auch Frauen migrierten in Klöster, von denen sich einige für die Armenfürsorge öffneten. Viele entschieden sich bewusst für diesen Weg, manche entzogen sich so dem Zwang zu heiraten, andere wurden aus Erbüberlegungen abgeschoben. Für männliche Kinder bäuerlicher Familien konnten Klosterschulen Bildung und damit den Weg in ferne Pfarreien oder Klöster bedeuten.

Der kirchliche Migrationsraum umschloss das katholische Europa mit Rom als Verwaltungs- und Pilgerzentrum, ein Netz von Pilgerwegen zum Wallfahrtsort Santiago de Compostela in Nordwestspanien und Fahrten nach Jerusalem. Pilgerzüge von Männern und Frauen gelten nicht als Migration im engeren Sinne. Bei ihrer Rückkehr brachten sie jedoch Kenntnisse über Optionen in anderen Kulturen mit und wurden als Fernwanderer respektiert. Fernpilger lebten in Herbergen mit anderskulturellen Menschen und überschritten die Grenzen ihres Sozialraumes und etablierter Ordnungen. Dies konnte sie in einen Zustand der «Liminalität» (Victor Turner) versetzen, in dem soziale Normen unklar werden. Im Gegensatz zu Migranten verließen sie diese Grenzbereiche nicht durch Akkulturation in eine neue Kultur, sondern durch Resozialisation am Herkunftsort.

Die hohe Mobilität – migrierende Kleriker, pilgernde Männer und Frauen – ermöglichte kulturelle Synthesen (*métissage*), die Elemente westasiatischer wie afrikanischer Kulturen einschließen konnten. Der afrikanisch-römische Mauritius wurde in ganz Europa verehrt und war seit dem 10. Jahrhundert Schutzpatron des Heiligen Römischen Reiches. Seit Mitte des 13. Jahrhunderts besonders in Magdeburg und Halle als Afrikaner dargestellt, wird er zeitweise als «höchster Patron des ganzen Reiches» bezeichnet. Die Hoffnung auf Kinder verbindet in der Volksfrömmigkeit die Anbetung der semitisch-christlichen Gottesmutter aus Palästina mit schwarzen Madonnen aus Afrika, deren Bildnis über die Iberische Halbinsel nach Norden und Nordosten kam. Das deutschsprachige Zentraleuropa war im Rahmen der Römischen Kurie Teil interkontinentaler und kontinentweiter religiöser Praktiken und kulturellen Austausches. Wanderungsmuster änderten sich mit dem Ringen um die Kirchenreform und mit der konfessionellen Aufspaltung in Katholiken, Protestanten, Anabaptisten, Anglikaner und andere. Der Großraum der Westkirche zerfiel in überlappende kleinere Regionen, zerteilt durch Flüchtlinge generierende Religionskriege mit häufig geänderten Grenzen.

Da frühmittelalterliche Herrschaftsräume keine zentralisierten Verwaltungen besaßen, zogen Herrscher mit Kanzlei und

Gefolge durch ihre Lande (Reiseherrschaft). Kleriker der großräumig organisierten lateinisch-katholischen Kirche reisten zu Konzilen und Bischofssitzen. Beide Gruppen zogen bildende Künstler, Musiker und Kunsthandwerker an. Aus der hohen Mobilität der Gelehrten entstand das Bild von fahrenden (transeuropäischen) Scholaren. Wo immer sich männliche Zuwanderer konzentrierten, entstand Nachfrage nach dienstleistenden Frauen, die ihrerseits Chancen der Mobilität ergriffen. Studenten, die von weit her an die Stätten der Wissenschaft kamen, wurden administrativ und askriptiv nach Herkunftsregion zu *nationes* zusammengefasst. So bildeten alle Studierenden aus Nordeuropa eine *natio* und hatten als gemeinsame Sprache das Lateinische. Gleiches gilt für die Kardinäle, die Rom durch Nah- oder Fernwanderung erreichten. Die mittelalterliche *natio* ist also von der Nation des 19. Jahrhunderts deutlich unterschieden.

Die Zentren kirchlicher wie weltlicher Eliten des späten Mittelalters und der Frühen Neuzeit – Burgen, Klöster, Kathedralen, Kirchen, Schlösser – wurden oft gebaut von transeuropäisch mobilen Architekten, besonders aus den italienischen Stadtstaaten, und von auf Komplexbauten spezialisierten wandernden Handwerkern, die sich zu Bauhütten oder Gilden zusammenschlossen. Solche Mobilität erstreckte sich oft über die ganze Lebenszeit, war nicht *Aus*wanderung, sondern transeuropäische Wanderung innerhalb von Berufsfeldern und Standesgrenzen.

Städte waren angesichts schlechter sanitärer Verhältnisse und entsprechend hoher Sterblichkeit von kontinuierlicher Zuwanderung abhängig. Neben der erwähnten Land-Stadt-Wanderung junger Menschen entwickelte sich eine interurbane Zirkulation von Handwerkern und Kaufleuten. Unter Handwerksgesellen waren die zünftigen Wanderungen auf mehrere Jahre angelegt und konnten durch Geschäftsübernahme oder Heirat in einer fernen Stadt permanent werden. Das hohe Ausbildungsniveau der Zünfte führte zu einer Nachfrage in fernen Gebieten ohne Lehrlingssystem: Fernwanderwege entwickelten sich nach Nordosten, Südosten und westwärts weit über den deutschsprachigen Raum hinaus. Entlang der Routen entstanden feste Ansiedlungen, Gesellenwanderung auf Zeit wurde dauerhaft. Schließlich sind als Sondergruppe Bergleute aus dem Harz und den Alpen zu nennen, deren Fachkenntnisse zur Erschließung neuer Silber- und anderer Erzfunde in fernen Regionen gefragt waren und die meist mit ihren Familien abwanderten.

Kaufleute, die Handel über große Entfernungen betrieben und über Jahre unterwegs sein konnten, bewegten sich innerhalb eines transeuropäischen Handelsprotokolls, das regelte, wie sie sich als Fremde zu verhalten hatten und welcher Schutz ihnen und ihren Waren zustand. Im Norden schuf die Hanse transkulturelle Beziehungsnetze. Ferne Dependancen, «Höfe» oder «Kontore», entstanden in Bergen, London, in holländischen Städten und Nowgorod. Es folgten Handwerker und Fischer, Erstere teils mit Familien, Letztere mit Frauen für die Verarbeitung des Fanges. Aus dieser temporären Wanderung konnte, wie bei der Ansiedlung an den schwedischen Küsten, permanente Auswanderung werden. Von den süddeutschen Städten, Augsburg im Besonderen, entwickelten die Kaufmannsfamilien der Fugger und Welser ihre Beziehungen in den Mittelmeerraum (und später bis ins spanische Amerika, vgl. Kap. 5e). Kaufmannsmigration führte auch zur Intensivierung von Produktion und Handel in der Ankunftsregion und setzte dort weitere Menschen in Bewegung. Da weit reisende und über See fahrende Kaufleute geografische Kenntnisse sammelten, wurde Augsburg zum Zentrum zeitgenössischer Kartografen, die ihrerseits durch Expertenwanderung mit Kollegen in oberitalienischen und niederländischen Städten zusammenarbeiteten.

Obwohl die Quellen keine sichere Auskunft geben, scheinen Handel Treibende aus der Ferne Augsburg erreicht zu haben: Der selbst weit gereiste Maler und Grafiker Albrecht Dürer hat das Bildnis eines afrikanischen Kaufmanns hinterlassen. Im Kontext des späteren Handels mit Menschen dunkler Hautfarbe kamen teils hochgebildete Afrikaner oder aus der Sklaverei Entlassene über die niederländischen Häfen und Kopenhagen in die deutschen Staaten. Parallel erreichten «gewesene Türken», konvertierte Muslime, den deutschsprachigen Raum.

Kaufleute entwickelten grenzüberschreitende, zwischenstädtische Kontakte durch Familienbeziehungen: Junge Männer arbeiteten als Kontoristen und Vertrauenspersonen in entfernten Korrespondenzfirmen; Töchter und Söhne verbanden durch Heirat ihre Familien über große, später auch transatlantische Distanzen. Der Transport von Waren erforderte mobiles Personal, das in Herbergen an der Route oder in der Fremde mit lokalem Personal kommunizierte. Fernhandelsrouten verbanden süddeutsche Städte mit dem Mittelmeerraum und den iberischen Gesellschaften. Köln war Station für Kaufleute oberitalienischer Städte auf dem Weg zu niederländischen Handelsplätzen oder nach London. Von Frankfurt am Main ostwärts führte eine Handelsroute über Leipzig und Frankfurt(Oder) nach Krakau.

All diese Migranten bewegten sich *innerhalb* einer Berufsgruppe und ihres ökonomischen Sektors, und Enklaven in anderssprachigen Kulturen konnten über lange Zeit erhalten bleiben. Rückkehrer konnten Informationen über Möglichkeiten in der Ferne an Sesshafte weitergeben.

Während die im 19. Jahrhundert von nationalen intellektuellen Eliten geschaffenen Meistererzählungen Migration verschweigen, war die volkstümliche Erfahrung von Migration Teil kindlicher Sozialisation durch Märchen und Lieder. Hänsel und Gretel stellen Kinder dar, die zu Hause nicht mehr ernährt werden können. Hans im Glück findet an seinem Geburtsort kein rechtes Auskommen – der Topos goldener Dukaten taucht in späteren Geschichten über Amerika wieder auf. Die Bremer Stadtmusikanten lassen sich als Inbegriff von Migranten verstehen – «etwas Besseres als den Tod findest du überall». Allerdings verließ die Mehrzahl realer Migranten ihren wenig zufriedenstellenden Geburtsort in jugendlichem Alter: «Hänschen klein ging allein in die weite Welt hinein ...». Fragen von Geschlechterbeziehungen und Netzwerken werden in Handwerkerliedern angesprochen. In «Muss i denn zum Städtele hinaus» bleibt die Partnerin zurück, doch die Hoffnung auf Rückkehr oder ein neues Netzwerk, eine neue Partnerin, wird angedeutet. Ohne Einbeziehung von Migration ist weder Familienleben noch merkantiles Staatsleben verständlich.

b) Interkulturelle Fernwanderungen

Die Fernwanderungen des Klerus, der Kaufleute und der Handwerker folgten festgelegten Protokollen. Wenn hingegen aggressive Fremde wie die Wikinger und Normannen kamen oder friedliche Menschen fremder Religion wie die Juden, mussten Interaktionsmuster ausgehandelt werden: kriegerisch, ausgrenzend, einbeziehend, vermischend. Das galt auch für die Massen der Kreuzzügler, die friedlich durch fremde europäische Regionen ziehen und sich erst in Palästina in heilige Krieger verwandeln sollten.

Die Menschen der skandinavischen Regionen mit wenig landwirtschaftlich nutzbarem Land und vielen natürlichen Häfen wanderten früh über See- und Wasserwege aus: westwärts über Grönland bis nach Vinland (das spätere Amerika); ostwärts über das Baltische Meer und die Flüsse bis ins Gebiet der Kiewer Rus. Eine dritte, staatsgründende Wanderungsrichtung verlief nach England, in die (zukünftig so genannte) Normandie, nach Sizilien und bis nach Palästina. Das zum Teil deutschsprachige Reich der Hohenstaufen war davon «am Rande» betroffen: (1) am Nordrand entstand die Handelssiedlung Haithabu; (2) ab dem 10. Jahrhundert besiedelten skandinavische Seefahrer vorübergehend Küstengebiete im Nordwestatlantik, ein Bericht über Vinland-Amerika erreichte das Bistum Bremen; (3) Fahrten in die Elbe, die Weser und den Rhein schlugen sich in der historischen Erinnerung als Raubzüge der Wikinger nieder. (4) Zentral für das Kaiserreich hingegen war, dass Kaiser Friedrich II. (reg. 1220–1250), Sohn einer normannischen Mutter und eines deutschen Vaters, im normannisch geprägten Sizilien sozialisiert wurde. Bei seinen Zügen nordwärts über die Alpen kamen Menschen afrikanischer Herkunft in seinem Gefolge mit. Die deutschsprachige Region war integraler Teil der Migrationen im europäischen Großraum.

In ihm bewegten sich auch Menschen jüdischen Glaubens und, in Ländern am Mittelmeer, «Syrer» (vermutlich palästinensische Christen) und Muslime. Während die Nordleute als «Heiden» fremd waren, sich aber auf der Ebene staatsprägender

Eliten durch Heirat mit einheimischen ranghohen Frauen Zugang zu Kultur und Sprache verschafften, wurden Menschen jüdischen Glaubens ausgegrenzt. Im Konkurrenzkampf der drei östlich-mediterranen «Religionen des Buches» – Thora, Bibel, Koran – galten sie der lateinischen Kirche als Feinde. Wirtschaftlich hingegen waren ihre weiten, durch Vertreibung und Migration entstandenen diasporischen Beziehungen von elementarer Bedeutung für Fernhandel und Kreditwesen. Beginnend im deutschsprachigen Süden, entstanden jüdische Gemeinden, die in Städten oft auf eine zugewiesene Nachbarschaft («Getto») begrenzt waren. Eine derartige Eingrenzung in der Fremde war in dieser Zeit üblich: Hansekaufleute wurden auf Höfe und Kontore beschränkt, fremde Kaufleute im arabischen Mittelmeerraum auf die ummauerte *funduq*. Obwohl andersgläubig, passten sich Juden in Zentraleuropa kulturell in vielen Aspekten an. Außerhalb jeglicher Ordnung stand nicht ihr Glaube, sondern ihre Ausgrenzung durch die transeuropäische Kirche. Sie erklärt Verfolgungen und Ausweisungen, die den lokalen Angreifern meist auch wirtschaftliche Vorteile brachten. Als seit den Kreuzzügen und später der Pestepidemie von 1349 Juden im gesamten Europa verfolgt wurden, mussten große Teile der Aschkenasim auswandern und siedelten, oft auf Einladung östlicher Herrscher, in Polen-Litauen und im Zarenreich. Die osteuropäische jüdische Kulturregion mit der jiddischen Sprache als Variante des Mittelhochdeutschen entstand im Zuge dieser Zwangsauswanderung.

Hohe Mobilität verlangte auch der von den Päpsten proklamierte «Heilige Krieg» gegen die Muslime, der fast zwei Jahrhunderte (1096–1291) andauernde Kampf um die Kontrolle von Jerusalem-Yerushalayim/Al-Quds und des als Ursprungsregion der jüdischen, christlichen und islamischen Religion dreifach Heiligen Landes. Rekrutiert wurden die Kreuzzügler besonders in französisch- und deutschsprachigen Gebieten. Angesichts der üblichen Mobilität ist diese Massenabwanderung nur ein Sonderfall; angesichts der wirtschaftlich erzwungenen Migration von Kindern und Jugendlichen mag dies auch für die Anwerbung von Kindersoldaten im sogenannten Kinderkreuzzug von 1212 gelten. In der Fremde, auf dem Weg durch den Balkan und in Palästina, wurden die kulturell vielfältig sozialisierten heiligen Krieger und die sie begleitenden Frauen und Kinder pauschal als «Franken» bezeichnet. Kulturelle Differenz war für die Menschen am Wegesrand nicht leicht zu erkennen – die Einheitlichkeit hungriger, nach Nahrungsmitteln heischender Vaganten dominierte die Wahrnehmung. Hunderttausende wanderten südostwärts entlang der Donau und besuchten – oder plünderten – Konstantinopel, die Hauptstadt des von Rom als Konkurrenz angesehenen Ostchristentums und des von Venedig als Konkurrenz angesehenen Byzantinischen Reiches. Im Heiligen Land angekommen, lernten sie die ihrer Herkunftsregion weit überlegene urbane und agrarische Kultur Palästinas kennen. Ein Teil der Krieger-Migranten entschied sich, dort zu bleiben, der Kriegszug wurde zur Auswanderung. Verbesserung der materiellen Lebensumstände war und ist das klassische Ziel von Auswanderern. Rückwanderer brachten Güter und Praktiken aus diesen Kulturen in die Gebiete der «Franken» – der Demonstrationseffekt solcher Kulturimporte regte zur Nachahmung und damit zu kultureller Veränderung an.

Auseinandersetzungen zwischen Religionen und Imperien und daraus folgende Migrationen betrafen auch die Gebiete Südosteuropas. In dem scheinbar weit entfernten Konflikt zwischen Habsburger- und Osmanischem Reich kämpften migrierende Söldner aus vielen deutschen Fürstentümern, und eine in weiten Teilen des christlichen Europas erhobene Kriegssteuer, die «Türkensteuer», bewirkte das Entstehen eines europaweiten Feindbildes: «Die Türken» und ihr Glaube schienen das materielle Auskommen einfacher Menschen zu bedrohen. Dies lässt sich als eine frühe Form des Orientalismus analysieren, den Edward Said für eine spätere Zeit konstatiert hat. Auch diese imperialen Kriege führten zu umfangreichen Flucht- und Neuzuwanderungen.

c) Bevölkerungskatastrophen, Religionskriege, Fluchtwanderung

Zwei Bevölkerungskatastrophen, die Pestepidemie Mitte des 14. Jahrhunderts und der Dreißigjährige Krieg in der ersten Hälfte des 17. Jahrhunderts, hatten tief greifende Auswirkungen auf das Wanderungsgeschehen. Die Pestepidemien folgten auf Jahrzehnte einer Klimaverschlechterung, in denen kaum ausreichend Nahrungsmittel produziert werden konnten. Die Epidemie raffte bereits geschwächte Menschen hin. Bevölkerungsverluste in besonders betroffenen Regionen bedeuteten, dass ein Wiederaufbau sozialer Netzwerke und bedarfsdeckender Landwirtschaft nicht möglich war. Die Überlebenden mussten abwandern, um anderswo eine Bevölkerungsdichte zu erreichen, die neues Gemeinschaftsleben ermöglichte. Die dabei entstandenen Wüstungen wurden in den folgenden Jahrhunderten durch Nahwanderer wieder besiedelt.

Mit der Spaltung der Einheitskirche im Verlauf des 16. Jahrhunderts – Verbleib in der römisch-katholischen Variante, Wechsel zu einer reformierten Konfession, Anordnung der Glaubensrichtung durch eine Herrscherfamilie – verlagerten sich religiöse Konflikte von den Außengrenzen des römischen Christentums zu den oft wechselnden inneren Grenzen. Bei Herrschaftswechseln oder beim Konfessionswechsel eines territorialen Machthabers zwang die Doktrin «wessen Herrschaft, dessen Religion» Menschen zu Konversion oder Auswanderung. Die sich aus der Spaltung ergebenden Religionskriege standen im Gegensatz zur Lehre von der Stärkung des Staates durch die Wirtschaftskraft der Untertanen. Menschen wurden aus religiös-ideologischen Gründen zur Abwanderung gezwungen, obwohl der Staat ihrer Leistung bedurfte. Ostwärts gerichtete Auswanderung war oft Flucht vor Gewalt, Hunger und Verwüstung im Namen Gottes, wie von einer der beteiligten Parteien interpretiert (siehe Kap. 3). Flucht bedeutete – wie alle Auswanderung – Einwanderung am anderen Ende des Prozesses. Leistungsfähige Flüchtlinge stellten im Rahmen merkantilistischen Denkens einen Gewinn dar. So wurden die fliehenden französischsprachigen Hugenotten in vielen deutschen (und anderen) protestantischen Staaten ebenso aufgenommen wie abwandernde deutschsprachige Christen in östlichen Gesellschaften.

In der Regel bewilligte der aufnehmende Staat für eine begrenzte Zeit Mittel zur Niederlassung und wirtschaftlichen Eingliederung, um später von der Wirtschafts- und Finanzkraft der Neuankömmlinge zu profitieren. Da Sprache und Kultur für die Mitgliedschaft im dynastischen Staat nur eine untergeordnete Rolle spielten, erhielten die Flüchtlinge – sobald sie den Untertaneneid abgelegt hatten – die Freiheit, ihre Sprache beizubehalten und gemäß ihren kulturellen Praktiken zu leben. Da die Einwanderer wirtschaftliche Teilhabe anstrebten, kam es in der Mehrzahl der stadtgerichteten Wanderungen zu Akkulturation im Verlauf einiger Generationen, während agrarische Enklavenbildung Selbstsegregation begünstigte. Zu dieser neigten religiöse Gruppen mit eigener Spiritualität und eigenen Riten wie die Anabaptisten – Mennoniten, Hutterer, Amische. Als sogenannte Sekten sahen sie sich der Intoleranz beider Krieg führender Parteien gegenüber. Ihre Mitglieder mussten vor Verfolgungen durch weite Teile des deutschsprachigen Raumes fliehen, um sich schließlich im Zarenreich anzusiedeln.

Die macht- und religionspolitischen Aspekte des ersten europäischen Krieges – vor dem zweiten napoleonisch-imperialen bzw. antirevolutionären 1792–1815 – bedeuteten im deutschsprachigen Raum einen Bevölkerungsrückgang um ein Drittel. Wie nach der Pest war Wiederbesiedlung notwendig. Die Beendigung dieses Dreißigjährigen Krieges durch den Westfälischen Frieden (1648/49) veränderte das Staatensystem und bewirkte ein weitgehendes Ende religiöser Flucht. Angesichts des ethnozentrischen Bildes *eines* deutschen Raumes sollte in Erinnerung bleiben, dass durch den Frieden Teile Norddeutschlands schwedisches Herrschaftsgebiet wurden – allerdings war der schwedische Adel zum Teil durch Zuwanderung überschüssiger Söhne des mecklenburgischen Adels entstanden. Das Verhältnis von Herrschaft und Bewohnern eines Territoriums und ihrer Kultur blieb vielschichtig.

Ethnokulturell und sprachlich unterschiedliche Gruppen konnten in dieser Zeit, wenn auch nicht spannungsfrei, nebeneinander leben, weil nicht ethnische Kultur, sondern Religion und Stand die entscheidenden Faktoren für Zugehörigkeit waren. Verquickt mit diesen Aus- und Einwanderungen zwischen deutschsprachigen Territorien war die Auswanderung in die Ferne, wobei Kontakte und Rückkehroptionen erhalten bleiben konnten. Fernwanderung ostwärts begann im Mittelalter (Kap. 3), bezog im Fall überwiegend urbaner sozialer Gruppen das westliche Europa ein (Kap. 4) und wendete sich seit dem 16. Jahrhundert überseeischen Gebieten zu (Kap. 5).

3. Transkontinentale Aus- und Abwanderung nach Osten und Südosten

Seit dem 9. Jahrhundert begannen ostwärts in baltische und slawische Siedlungsgebiete gerichtete Wanderungen aus dem deutschsprachigen Teil Europas. Sozialhistorisch gesehen umfasste dies Migrationen (1) bäuerlicher Kolonisten, (2) städtischer Berufsgruppen und (3) mobiler Handwerksgesellen. Ihnen lag weder ein aggressiver «Drang nach Osten» noch eine zivilisatorische Mission zugrunde. Die Fürsten von Pommern, Polen, Schlesien, Böhmen und Mähren warben bäuerliche Familien an, um die wirtschaftliche Leistungskraft ihrer Staaten zu erhöhen. Ethnokulturelle Zugehörigkeiten hatten dabei kaum Bedeutung: Bauern und Bürger wurden gerufen, nicht germanische Zuwanderer. Ihre Nationalität wurde erst in späteren Jahrhunderten unter ethnozentristischen Ideologien hervorgehoben.

Erst ab Mitte des 12. bis Mitte des 14. Jahrhunderts sandten deutsche weltliche und kirchliche Herrscher Adlige oder Missionare ostwärts mit dem Ziel, ihren machtpolitischen Einflussbereich auszudehnen. Zeitgenössisches Denken über Stand, Kultur und Migration kann am Beispiel des «Deutschen Ordens» erläutert werden, der zur aggressiven Variante der Ostausweitung zentraleuropäischer Dynastien intensiv beitrug. Der Männerbund war in Palästina von Kreuzfahrern vielfältiger kultureller Herkunft als Hilfsorganisation für Kranke und Verwundete gegründet worden. Dieser christliche Sozialhilfeverband rekonstituierte sich 1198 als ritterlicher Orden und «germanisierte» sich durch die Weigerung, Männer anderer Herkunft aufzunehmen. Zuwandernde muslimisch-türkische Gruppen vertrieben den Militärorden, dessen neue Ordensregeln 1226 in der vielkulturellen – griechisch-normannisch-arabischen – Kanzlei von Kaiser Friedrich II. in Sizilien verfasst wurden. Auf der Suche nach einer Aufgabe migrierten die arbeitslosen Ordensbrüder nach Venedig, weiter nach Transsilvanien und schließlich, auf Ruf des Herzogs von Masowien, an die Ostsee, wo sie in einem Kreuzzug die «Sarazenen des Nordens» – die «heidnischen» baltischen Völker – zurückdrängen oder christianisieren sollten. Die unter dieser Vorgabe unterworfenen Pruzzen waren ein baltisches Volk. Ihr Name, Preußen, wurde in einer Ironie der Geschichte auf weiter westlich siedelnde Menschen übertragen und zum Synonym für aggressiv-arrogantes Deutschtum.

Da in den slawischen und baltischen Gebieten die ländliche Bevölkerung an ihre feudalen Grundbesitzer gebunden war, konnten aus ihr keine freien Handwerker und Stadtbürger hervorgehen. Die Macht der Feudalherren und des Kleinadels verhinderte eine indigene ökonomische Entwicklung und bedeutete, dass die Herrscher dieser Territorien keine ihnen direkt steuerpflichtigen Untertanen hatten. Sie riefen Zuwanderer, Stadtbewohner von Handwerkern bis zu Fernkaufleuten, deren Wirtschaftsleistung und Steuern die Zentralgewalt und den Staat stärken sollten. Diese «eingeschobene Mittelklasse» aus Migranten und ihren Nachkommen war ethnokulturell unterschieden von der umgebenden Landbevölkerung. Die neuen Städte eröffneten den zuwandernden Kaufleuten, Intellektuellen, Administratoren und Handwerkern Chancen, die sie in den traditionellen Strukturen ihrer Herkunftsstädte nicht fanden. Den zirkulär wandernden Gesellen boten sie einen konkurrenzfreien Arbeitsmarkt. Da die Position der Zuwanderer ökonomisch, politisch und kulturell stark war, wurde Deutsch die Sprache des östlichen Bürgertums, aber nicht der lokalen Unterschichten. Durch das Ausbildungs- und Wandersystem der Zünfte wurde Deutsch auch zur transeuropäischen *lingua franca* der Handwerker, so wie – später – das Italienische die transeuropäische Sprache von Kunst und Architektur und das Französische die Sprache der Höfe und der Aufklärung wurde.

a) Frühe Wanderungen

Zuwanderer deutscher und flämischer Dialekte kamen anfangs auf eigene Initiative oder als von «Lokatoren» angeworbene bäuerliche Familien. Ab Mitte des 12. Jahrhunderts war unbesiedeltes Land für ihre überschüssigen Kinder knapp geworden, und Auswanderung nahm zu. Zu dieser Zeit kamen auch Migranten im Rahmen der militärischen Expansion des Deutschen Ordens, der Kolonisationsprojekte der Zisterzienser und der Expansionsbestrebungen der Hohenstaufen – die ab Mitte des 13. Jahrhunderts an Einfluss verloren. Nach Stand und Wirtschaftssektor unterschieden in ländliche Siedler und städtische Handwerker, Händler und Kaufleute, wurden sie verallgemeinernd – jedoch irreführend – als «deutsch» im «wendischen» Siedlungsraum beschrieben.

Bäuerliche Migranten siedelten sich über die Jahrhunderte in Territorien von der Ostseeküste über die Gebiete der ungarischen Krone bis in den Donauraum an. Da die Region bereits besiedelt war, entstanden ein vermischt bewohntes Gebiet, aber auch durch Dialekt und Kultur gekennzeichnete Enklaven. Eine einheitliche Zuwandererkultur bildete sich in diesem Großraum nicht: Im Norden entwickelte sich eine baltisch-slawisch-germanisch-flämische Bevölkerung, während in die siebenbürgischen Gebiete («Transsilvanien») der ungarischen Krone überwiegend Menschen aus Sachsen kamen. Es entstand eine Hierarchie mit Rumänischsprachigen am unteren Ende, Magyarischsprachigen in der Mitte und den «Siebenbürger Sachsen» sächsisch-deutscher Dialekte an der Spitze. Ab Mitte des

13. Jahrhunderts siedelten deutschsprachige Familien in den slowakischen Karpaten und am Fuß des Gebirges in Ruthenien – eine geografisch vage Bezeichnung. Sie wurden als «Zipser Sachsen» (slowakisch: *Spiš*) oder später, je nach nationalpolitischer Intention, als «Karpatendeutsche» oder «Slowakeideutsche» bezeichnet. Initiiert wurden diese Wanderungen durch die Anwerbung von Bergleuten und Gewerbetreibenden.

Schließlich entstanden Siedlungen im Donauraum unter osmanischer und habsburgischer Herrschaft. In dieses Gebiet kamen durch Nahwanderungen auch Walachen und Flüchtlinge orthodoxen Glaubens («Uskoken») sowie Kroaten katholischen Glaubens. Als stark frequentierte Handelsroute bot der Fluss Westeuropäern leichte Anreise. Kreuzzügler kamen gewissermaßen vom Weg ab und ließen sich nieder. Neben den nach Osten ziehenden bäuerlichen Migranten wanderten auch osmanische, griechische und balkanische Händler und Kaufleute flussaufwärts und siedelten in Wien oder weiter westlich. Die frühe Ostwanderung endete, als zu Beginn des 14. Jahrhunderts Missernten und die Pest in den Herkunftsgebieten zu katastrophalem Bevölkerungsrückgang führten.

Nach Ostmitteleuropa zuwandernde Stadtbürger, eine zweite, durch ihren Stand von den ersten bäuerlichen Einwanderern getrennte Gruppe, handelten ihre rechtliche Stellung mit den lokalen Herrschern aus, wie dies in allen dynastischen Staaten üblich war. Da kein übergreifendes Stadtrecht existierte, griffen beide Seiten auf das Modell der Herkunftsregionen – im Plural – zurück, also nicht auf ein einheitliches «deutsches» Stadtrecht (*ius teutonicum*), wie spätere nationalistische Historiker behaupteten. Angewandt wurde das *ius flandricum*, das flämische Recht, oder das Recht einzelner Städte, *ius civitatum urbanum*, wobei das Magdeburger Stadtrecht zum Vorbild wurde. Die zugewanderten Männer und Frauen waren freie Untertanen und kulturell unterschieden von den unfreien Bauern der ländlichen Umgebung. Die neuen Städte bildeten Inseln mit aus westzentraleuropäisch-urbanen Kontexten mitgebrachten Wirtschaftsformen und Lebensstilen. Die jeweilige Variante des Deutschen als Medium des Bürgertums einer Stadt wurde meist nicht die

Sprache der einheimischen Unterschichten. Als das Zarenreich viele dieser Regionen inkorporierte, wurde die russische Bezeichnung *nemec* («Stummer») auf alle Menschen angewandt, die nicht Russisch sprachen. Dieser Name für Ausländer insgesamt und später speziell für «Deutsche» hatte abwertende Konnotationen.

Als dritte ostwärts gerichtete Auswanderung ist die von Familien jüdischen Glaubens zu nennen, ebenfalls überwiegend auf städtische und kleinstädtische Kontexte zielend. Sie begann im Zuge der Verfolgungen, Vertreibungen und Massaker des 13. Jahrhunderts, die diesen Menschen die selbst gewählte Zugehörigkeit zu den deutschsprachigen Stadtkulturen streitig machten. Wenngleich sprachlich, kulturell und wirtschaftlich den anderen urbanen Auswanderern ähnlich, wurden «die Juden» meist separat behandelt, da Religion entscheidend war für soziokulturelle Zugehörigkeit. Diese von der nationalistisch-rassistischen Historiografie des 19. Jahrhunderts auf Rasse ausgeweitete Differenz kann hier nicht umfassend korrigiert werden, da die faktische Wirksamkeit der Ausgrenzung durch die transeuropäische Kirche auch rückschauend eine separate Behandlung notwendig macht. Zu betonen ist dabei, dass beide Gruppen, diejenige jüdischen und diejenige christlichen Glaubens, parallel wanderten und oft an den gleichen Orten siedelten. Gegenseitige wirtschaftliche Ergänzung war ebenso möglich wie Konkurrenz.

Eine vierte Wanderung betraf Experten. Qualifizierte Männer wurden als Administratoren und Offiziere, Posthalter und Förster, Ärzte und Apotheker angeworben oder suchten selbst Anstellung im Zarenreich. Sie kamen meist ohne Ehefrauen oder Familien und heirateten oft lokal über Religions- und Standesgrenzen hinweg. Bei allen Trennungslinien sowohl zwischen den Zuwanderergruppen als auch zu den Einheimischen gab es immer auch religiöse Konversion. Die gesamte Großregion blieb bis zur Aufzwingung nationaler Positionen und Ideologien im Laufe des 19. Jahrhunderts vielkulturell.

b) Aus-, Ein- und zirkuläre Wanderungen seit dem 16. Jahrhundert

Ab dem 16. und besonders im 17. und 18. Jahrhundert begannen erneut ostwärts gerichtete Wanderungsbewegungen. Manche davon, besonders die Zirkulation von Handwerksgesellen und die auf Städte gerichtete Migration, setzten sich fast ausschließlich aus deutschsprachigen Männern und Frauen zusammen. Ländliche Siedlungswanderungen umfassten Menschen vieler Kulturen und Sprachen. Schätzungen gehen von einer halben Million oder mehr Menschen im 18. Jahrhundert aus.

Die wichtigste Bewegung, die zünftig vorgeschriebenen Wanderungen von Handwerksgesellen, wurde bis ins 19. Jahrhundert praktiziert. Während Gesellen weniger spezialisierter Gewerbe eher in der Nähe ihrer Ausgangsregion verblieben, unternahmen spezialisierte oft Fernwanderungen. So kamen Schlossschmiede vom Oberrhein bis in baltische, polnische, böhmische und österreichische Territorien. Zünftige Gesellen verließen bei Überschreiten von Staatsgrenzen nicht den sozialen Raum des Gewerbes und der dialektspezifischen Handwerkersprache. Sie festigten in anderssprachigen Gesellschaften ihre herausgehobene Stellung durch Privilegien und Exklusivität. In den östlichen Städten hatten nur deutschsprachige Gesellen Zugang zu den renommierten Gewerken und ihren Gilden. Ethnische Hierarchien, basierend auf Ausbildung, wurden bewusst entwickelt. Jenseits Ostzentraleuropas führten Fernwanderwege nordöstlich bis nach St. Petersburg und von Budapest südöstlich entlang der Donau bis nach Alexandria in Ägypten. Auch westwärts entwickelten sich Fernwanderungen (siehe Kap. 4c). Ein Aufenthalt in der Ferne konnte sich verfestigen, Handwerkerviertel entstanden, aus zirkulärer Wanderung wurde Auswanderung.

Deutschsprachig blieb, zweitens, die etablierte Kultur der Baltendeutschen. Da die Nachfahren der ursprünglichen Zuwanderer sich oft mit baltischen Frauen verheirateten, entstand eine transkulturelle einheimische Gruppe, die nur geringe Neuzuwanderung verzeichnete. Am Ende des Großen Nordischen

Krieges (1700–1721), als die Region Spielball und Kriegsgebiet des europäischen Adels war, wurde der nördliche Teil der Region in das Reich der Romanow eingegliedert. Diese bestätigten die Sonderstellung: Die deutschsprachigen Patrizier, Handwerker und Landbesitzer, seit der Reformation protestantisch, durften weiter ihre Religion ausüben und die Städte, besonders Riga, Reval und Wyborg, selbst verwalten. Enge Handels- und Kulturbeziehungen bestanden in den deutschsprachigen Raum, zum Beispiel zwischen Riga und Bremen.

Drittens entwickelten sich neue bäuerliche Migrationen im Gefolge der Ansiedlungspolitik der habsburgischen, russischen und preußischen Herrscher: (1) an der neuen habsburgisch-ungarischen «Militärgrenze», dem Banat (heute Kroatien und benachbarte Gebiete); (2) in der angrenzenden Donauregion; (3) in Südrussland; und (4) in Ostpreußen. In dieser Ära imperialer Expansion entwickelte sich der «Drang nach Osten» und, im Falle des Zarenreiches, nach Süden, jeweils auf Kosten der Nachbarn, der polnisch-litauischen *Rzeczpospolita* (Adelsrepublik) und des Osmanischen Reiches. Wie weiterhin üblich, erhielten die Einwanderer im Interesse ihrer zukünftigen steuerlichen und wirtschaftlichen Leistungsfähigkeit Land, Unterstützung für die Ansiedlung und für eine begrenzte Zeit Abgabenfreiheit. Solche «Heimstätten»-Gesetze sollten im 19. Jahrhundert auch in den USA und Kanada angewendet werden.

(1) Im habsburgisch-osmanischen Krieg von 1683 bis 1699 unterstützte angesichts der von christlichen Eliten postulierten «Türkengefahr» eine europaweite Allianz von Fürsten die Habsburger mit Soldaten. Mit dem Rückzug der osmanischen Armeen flohen eingesessene bäuerliche Familien, um nicht christlicher Herrschaft und deren schweren feudalen Dienstpflichten ausgesetzt zu werden. Die Söldner der christlichen Armeen aus Ungarn, Bayern, Brandenburg-Preußen, Sachsen, Schwaben, Braunschweig-Lüneburg, den rheinischen Gebieten um Köln sowie aus Polen hatten sich verdingt, weil sie in ihrer «Heimat» kaum ein Auskommen finden konnten. Sie und andere sahen in der Flucht der osmanischen Untertanen ihre Chance und wanderten, oft in Familienverbänden, in die Ge-

biete ein. Dort erhielten sie gemäß kaiserlichem Impopulationspatent von 1689 gegen Dienst als Grenztruppen Land. Zur Belebung des Handels wurde aschkenasischen Juden, bisher aus der Region ausgeschlossen, Zuzug und Niederlassung erlaubt. Da die Bedingungen in der Grenzregion schwierig waren, kam es zu hohen Todesraten unter der ersten Einwandererkohorte.

(2) In die Donauregion kamen von den 1740er bis in die 1790er Jahre hinein weitere 150–200 000 Männer, Frauen und Kinder. Diese «Donauschwaben» schifften sich zwar in Schwaben ein, kamen jedoch aus von Kriegen und Hunger betroffenen Kleinstaaten wie Hessen, Lothringen, Pfalz und dem Elsass. Sie siedelten meist gemischt mit anderen, zugewanderten und eingesessenen serbischen und rumänischen Bauern sowie magyarischen und slowakischen Leibeigenen.

Das Lebensprojekt der Migranten, über ausreichend Land für ihre Familien zu verfügen, wurde vom Zentrum des Habsburger Vielvölkerstaates für ethnopolitische Ziele genutzt. Der österreichisch-deutsche Bevölkerungsteil sollte durch «deutsch-deutsche» Einwanderung gestärkt und so die Zuwanderung ungarischer Adliger mit ihren Leibeigenen verhindert werden. Nach der Rekatholisierung begann das Habsburgerreich eine Germanisierung böhmischer und ungarischer Eliten und, durch Zentralisierung in Wien, des kulturellen Lebens. Deutsch wurde ab 1784 die Verwaltungssprache des Imperiums; allerdings konnte 1867 der ungarische Teilstaat das Magyarische als Behördensprache durchsetzen. Dies benachteiligte alle anderen Sprachgruppen, die begannen, ihre deutschsprachigen Nachbarn mit der Habsburger (Fremd-)Herrschaft zu identifizieren. Bei Entstehung der Nationalstaaten 1918/19 sollten sich die Konsequenzen zeigen.

(3) Im Zarenreich erließ nach Zurückdrängen des Osmanischen Reiches Katharina II. 1763 ein Einwanderungsdekret. Sie selbst war im Rahmen der transeuropäischen Heiratspolitik des Adels aus Anhalt-Zerbst-Dornburg zugewandert und war auch Herzogin von Holstein-Gottorf. Das Dekret versprach einwandernden bäuerlichen Familien ausreichend freies Land, ein zinsfreies Darlehen zur Anschaffung von Ackergeräten, Steuerfrei-

heit auf (meist) zehn Jahre, Selbstverwaltung und Befreiung vom Militärdienst «auf ewig» sowie Religionsfreiheit. Diese Anwerbepolitik blieb bis 1804 und, in abgeänderter Form, bis 1830 in Kraft. Danach wurden Migranten aus slawischen Kulturen bevorzugt, da diese sich besser eingliedern würden. Verarmte und durch Kriege Entwurzelte kamen, bäuerliche Familien aus Polen und Preußen und «Serben» – in dieser Zeit eine generische Bezeichnung für Soldaten vielfältiger Herkunft. In Baschkirien (später Orenburg) mussten, wie später in Nordamerika, nomadische Bewohner zurückgedrängt oder unterworfen werden.

Die Neuankömmlinge lebten in gemischten Siedlungen. Hingegen wurden in «Neurussland» entlang der Wolga, in der südlichen Ukraine und später auch in Wolhynien deutschsprachige, schwedische und jüdische Einwanderer in kompakten Siedlungen platziert. Nur etwa 11 000 deutschsprachige Familien kamen. Sie verließen südwestliche Gebiete, in denen die durch Realteilung entstandene Parzellierung es Familien unmöglich machte, sich zu ernähren. In separaten Enklaven als Katholiken, Protestanten und Mennoniten siedelnd, besuchten ihre Kinder und Kindeskinder eigene, oft schlecht ausgestattete Schulen. Nach Zielregion oder, besser, isolierten Siedlungs*inseln* unterteilten sie sich in Wolhyniendeutsche, Wolgadeutsche und Schwarzmeerdeutsche. Schon in der zweiten oder dritten Generation wurde – wie im Donauraum – das Land knapp. Junge Menschen wanderten in die Städte ab und begannen, sich der russischen Sprache und Kultur anzunähern.

Die deutschsprachige Einwanderung muss, da in der Vergangenheit als kulturell überlegen konstruiert, in zweifacher Hinsicht in Perspektive gesetzt werden: Die Politik warb *freie* Siedlerfamilien an, die höhere Produktivität versprachen als Leibeigene, und sie klassifizierte die Angeworbenen nicht ethnokulturell als «Deutsche». Diese westzentraleuropäischen Einwanderer blieben eine winzige Gruppe im Verhältnis zu den innerstaatlichen Wanderungen, in denen von 1700 bis 1850 etwa 4,65 Millionen Menschen kamen, die meisten von ihnen ukrainische Familien und russische Adlige mit ihren Leibeigenen.

(4) Auch Preußen warb Siedlerfamilien an. Schon im 16. Jahrhundert waren Mennoniten eingeladen worden, die jedoch, als ihnen 1786/87 die zugesagte Befreiung vom Militärdienst wieder entzogen wurde, nach Neurussland weiterwanderten. Erneute Anwerbung traf zusammen mit einer späten religiösen Vertreibung: Der Fürsterzbischof von Salzburg wies 1731/32 rund 20 000 Protestanten aus, von denen etwa 14 000 nach Preußen zogen. Diese und andere sollten die durch Pestepidemien und Kriege verwüsteten Dörfer Brandenburgs wieder besiedeln, sollten Feuchtgebiete trockenlegen und kolonisieren und, nach der dritten und letzten Teilung Polens 1795, die annektierten westpolnischen Regionen bevölkern. Allein die Drainage der Oder-, Warthe- und Netzebrüche erforderte und ermöglichte die Ansiedlung von rund 300 000 Männern, Frauen und Kindern in 900 neuen Dörfern. Fast 20 Prozent der Bevölkerung Brandenburg-Preußens waren Einwanderer. Um den Einfluss der in dieser Zeit bereits kursierenden Informationen über gute Siedlungsmöglichkeiten in Nordamerika einzudämmen, bezeichnete der König die Region als «Amerika» in Preußen.

Auch bei dieser Migration wäre der Begriff «deutsche Siedler» irreführend, wie eine Familiengeschichte beispielhaft belegt. Eine französisch-hugenottische, eine sächsische und eine mährische Familie wählten benachbarte Zielorte, verbanden sich durch Heiraten ihrer Kinder und wurden preußische Untertanen. Ein Jahrhundert später, als das Land für die Kindeskinder nicht mehr reichte, migrierten Teile der Familie weiter nach Osten, in westdeutsche Städte oder nach Nordamerika. Die preußische Politik zielte auf territoriale Erweiterung durch Anwerbung vielkultureller Siedler für eine Region, die bereits von mehreren Kulturgruppen, darunter besonders polnischsprachigen, besiedelt war.

Zusammenfassend ist festzuhalten, dass die Migranten Regionen verließen, in denen durch zahllose dynastische Kleinkriege und Hungersnöte ein Überleben schwierig war – man könnte von Flucht vor Kleinstaaterei und Religionskriegen, vor dynastisch auferlegten Lasten und fehlenden Lebenschancen sprechen. In den Ankunftsstaaten wurde ihre Niederlassung durch

Landzuteilung, Darlehen und zeitlich begrenzte Steuerbefreiung unterstützt, und ihnen wurde Religionsfreiheit zugesichert, da ihre Wirtschaftsleistung, nicht ihre Konfession, zählte. Die Neusiedler blieben demografisch dynamisch; ihre hohen Kinderzahlen bedeuteten zusätzlichen lokalen Landbedarf und Abwanderung in Städte zu Lohnarbeit. Für die in Enklaven lebenden trikonfessionellen Einwanderer war das Ziel der Erhalt ihrer Religionspraxis, doch im Alltagsleben war Interaktion mit den Nachbarkulturen notwendig. Veränderungen der Lebensweisen und Festhalten an mitgebrachter Kultur und Sprache standen sich gegenüber. Da kaum Kontakt zur Herkunftsgesellschaft bestand, wurden deren Weiterentwicklungen nicht wahrgenommen, die Sprache der Migranten wurde altertümlich, *frozen in time*.

Die «deutsche» Ostsiedlung war gekennzeichnet durch Vielfalt der Herkunftsregionen und -dialekte, durch religiöse Spaltung, unter mennonitischen Migranten auch durch niederländische und Schweizer Ursprünge. Im Rahmen der späteren europaweiten Selbstdefinition durch Sprache kam es zu einer Ethnisierung der Migranten und Nationalisierung der Aufnahmestaaten. Die bei der Einwanderung oft vorhandene Überlegenheit der mitgebrachten materiellen Kultur – Ackergeräte, Anbaupraktiken – wurde im Verlauf der Zeit konstruiert als ethnokulturelle und schließlich genetische Überlegenheit. Dieser Prozess, jeglicher Eingliederung diametral entgegengesetzt, verlief parallel zu Akkulturation durch Interaktion und Abwanderung aus übervölkerten Dörfern in urbane Kontexte.

c) Neue Entwicklungen im 19. Jahrhundert

An der Wende zum 19. Jahrhundert veränderte der zweite europaweite Krieg Bevölkerungszusammensetzungen, Einstellungen zu Fremden und Vorstellungen von Kultur und Nation. Das Kriegsgeschehen umfasste nacheinander antirevolutionäre Kampagnen oder, national ausgedrückt, Angriffe auf das französische Volk, napoleonisch-imperiale Aggression, Befreiungskriege unterworfener Staaten sowie Krieg zur Wiederherstellung der Fürstenherrschaft. Hunderttausende von Soldaten durchquerten alle Teile Europas; zivile Bevölkerungen flüchteten vor ihnen. Die durch den Wiener Kongress festgelegte, am alten System orientierte Herrschaftspraxis sollte nach 1815 Auswanderungen in eine Gesellschaft mit erfolgreicher Revolution anregen – die neuen Vereinigten Staaten von Nordamerika (Kap. 5).

Kaufleute wanderten weiterhin ostwärts. Zielorte waren Moskau, St. Petersburg, Warschau und Łódź sowie die baltischen Städte und, im 19. Jahrhundert, Budapest in Österreich-Ungarn. In Moskau war bereits Mitte des 17. Jahrhunderts eine «deutsche Vorstadt» entstanden, in der Stadt selbst wurden die Fremden (wie Juden in Hamburg) nicht toleriert. Die Zuwanderung intensivierte sich in der Regierungszeit Peters I., besonders nach St. Petersburg. Die Migranten des 19. Jahrhunderts knüpften an eine seit vier Jahrhunderten bestehende Tradition der Anwerbung ausländischer Fachkräfte für die russische Wirtschaft an. Diejenigen aus den deutschen Staaten konkurrierten – oder kooperierten – ursprünglich besonders mit zugewanderten englischen Kaufleuten (*Muscovy Company*, seit 1555). Sie bildeten – auch angesichts des Rechtes, nach ihrer eigenen Religion zu leben – geschlossene, endogame Gemeinden, näherten sich über die Generationen aber auch russisch-orthodoxen Praktiken an. Zu Beginn des 19. Jahrhunderts waren deutschsprachige Migranten die einflussreichste Gruppe ausländischer Unternehmer im Russischen Reich und tätigten Investitionen im Getreidemühlen- und Textilsektor.

Im Zarenreich bewirkte der Kriegszug Napoleons neben Massenflucht auch komplexe neue Einstellungen zu anderskulturellen Menschen. Verwundete und erschöpfte Soldaten (aus vielen Kulturen) blieben zurück und wurden Teil lokaler Bevölkerungen. Der frankophile Adel warb französische Musiker und Gouvernanten an. Gleichzeitig bewirkte die Betonung nationaler Kultur das Zurückdrängen anderer, besonders der jiddischsprachigen Untertanen. Ihre Siedlungszone wurde – in einer Periode starker natürlicher Bevölkerungsvermehrung – geografisch eingeengt, woraus Zwangswanderungen aus verbotenen in zugewiesene Zonen folgten. Die Einengung wirtschaftlicher Möglichkeiten führte zu Verarmung; es entstand eine kleinstädtische «Schtetl»-Kultur, die kaum Auskommen bot. Ebenfalls betroffen von der Russifizierung war die ukrainische Bevölkerung. Bei allen drei Gruppen, «Deutschen», «Juden» und Ukrainern, führte die zunehmende Diskriminierung zu transatlantischer Massenauswanderung.

Die beginnende Industrialisierung intensivierte die Land-Stadt-Wanderungen. Deutsche und niederländische Techniker kamen nach Moskau und St. Petersburg, in Bergwerksregionen und in andere neue Zentren. Auch intern stieg die Wanderung nach der Abschaffung der Leibeigenschaft 1861 rapide an, wofür die Textilregion um Łódź – im vom Zarenreich annektierten Teil Polens – als Muster gelten kann. Im traditionellen wirtschaftlichen Denken wurden nach 1820 «nützliche Ausländer» (nicht: «Deutsche» oder «Engländer») angeworben. Die ausgeschlossenen Juden konnten sich, da ebenfalls nützlich, auf einem benachbarten Landgut – praktisch einem neuen Vorort – niederlassen. In der folgenden, nicht mehr administrativ kontrollierten Periode von 1877 bis 1914 wuchs die Bevölkerung von Łódź um das Neunfache: polnische Männer und Frauen als ungelernte Arbeitskräfte aus der ländlichen Umgebung; deutschsprachige Weber aus Sachsen, Pommern und Schlesien; jüdisch-russische und böhmisch-protestantische Fabrikarbeiter; Schweizer und tschechische Techniker. Die Investoren umfassten Männer aus Deutschland, England und Frankreich mit ihrer jeweiligen Entourage. Verwaltung und Polizei waren russisch. In der Stadt lebten mehr Einwanderer als Einheimische, und ihre Sozialisation richtete sich nicht auf die polnische Sprache und Kultur (oder die russische Herrschaftskultur), sondern war klassenspezifisch: Arbeiter oder industrielle Elite. Auch in der Zeit des Paradigmenwechsels zum Primat des Nationalen blieben Migration und Akkulturation vielfältig.

Deutsche und Schweizer bildeten nur noch einen kleinen Teil der neuen Zuwanderer und lebten getrennt von den alteingesessenen deutschsprachigen Schichten und Gruppen. Während die bürgerlichen, noch deutschsprachigen Schichten in Handelsstädten von Riga bis Kiew und von Odessa bis Tiflis ihre Sonderrechte verloren, kamen in die Industriestädte zunehmend deutsche Arbeiter, die keine Bürgerrechte erhielten. Die zum Teil seit Jahrhunderten etablierten bürgerlichen Schichten wendeten sich der russischen Sprache und Lebensweise zu, die isolierten ländlichen Kolonisten wurden im wörtlichen Sinne zu Fremdkörpern. Viele junge Menschen wanderten in die Städte ab, manche versuchten nach Nordamerika auszuwandern, hatten aber oft nicht die notwendigen Mittel.

4. Wanderungen nach und von Süd-, West- und Nordeuropa, 17. bis 19. Jahrhundert

Auch der west-, süd- und nordeuropäische Raum war Ziel deutschsprachiger Migranten, und anderssprachige kamen von dort. Als eine erste, einflussreiche Gruppe sind Eliten und ihr Personal zu nennen: kirchliche Würden- und Funktionsträger, Angehörige imperialer Verwaltungen und Armeen. Die *Grand Tour* ermöglichte Künstlern, Adelssöhnen und Bürgern, sich kosmopolitisch zu bilden. Zweitens ist staatlicherseits induzierte Wanderung zu nennen: (a) angeheuerte Soldaten und ihre Angehörigen und (b) Flüchtlinge dynastischer Kriege. Wie im Osten regten (c) Staaten als Fürsorgeinstanz die Kolonisierung von Feuchtgebieten an, um landlosen Bauernkindern Möglichkeiten zu bieten. Mit Entstehung von republikanischen und demokratischen Bewegungen nahmen (d) Repression und politische Flucht zu. Als dritte, wirtschaftlich definierte Kategorie sind selbstbestimmte, sogenannte «freie» Wanderungen zu nennen, deren Anlass demografische und wirtschaftliche Zwänge waren. Diese bildeten den größten Teil der Aus- oder zirkulären Wanderung. Schließlich wurde im Rahmen von Industrialisierung und Urbanisierung die Migration von Handwerkern durch die gelernter, meist urbaner, und ungelernter, oft ländlicher Arbeiter ersetzt. Sie schloss Wanderung in Etappen und hohe Rückwanderung ein.

Viele Regionen Europas produzierten mehr Menschen, als lokal ernährt werden konnten. Im deutschsprachigen Raum galt dies besonders für Regionen in der Pfalz und in Südwestdeutschland, die territorial und religiös zersplittert waren. Hinzu kamen drückende Feudallasten und Kriege. Nach 1700 wanderten Hunderttausende aus, die pauschal als «Pfälzer» (engl. *Palatines*) bezeichnet wurden. Neben östlichen Regionen erreichten sie England, Irland und Nordamerika sowie interne Kolonisationsgebiete. Nur schwer zu nutzende Hügellandschaften wie das Eichsfeld und der Harz verzeichneten hohe landwirtschaftliche Abwanderungsraten und die Entwicklung von spezialisiertem Handwerk mit Nah- und Fernwanderung oder Heimarbeit. Ähnliche Entwicklungen sind für das schottische Hochland und norditalienische Bergdörfer belegt. Familienstrategien zum Erhalt bäuerlicher Lebensweise zielten als «konservative» Reaktion auf gesellschaftliche Veränderungen entweder auf Auswanderung zu neuem Siedlungsland, auf zusätzliche Heimarbeit oder auf Entsendung meist männlicher Familienmitglieder in Lohnarbeit. Abwanderung von Frauen blieb im Rahmen festgelegter Geschlechterrollen meist auf dienende Positionen beschränkt. Saisonal, mehrjährig oder als Auswanderung permanent, war Migration in Regionen wirtschaftlichen Abstiegs und/oder kontinuierlichen Bevölkerungsüberschusses «normal».

Parallel veränderten sich städtische Gesellschaften ständig. Um 1600 trugen in Frankfurt(Main) mehrere Tausend wandernde Handwerksgesellen, 3000 mittelständische protestantische Flüchtlinge aus den Niederlanden und 2500 Juden – die zusammen mehr als 40 Prozent der Bevölkerung ausmachten – zum Wohlstand der Stadt bei. In Hamburg war die Sprache der Tuchmacher und der Börse das Flämische; portugiesische Juden aus Amsterdam etablierten Handelsverbindungen nach Südamerika; einige freigelassene Sklaven aus der dänischen Karibik kamen über Kopenhagen, ließen sich taufen und heirateten einheimische Frauen.

a) Eliten und ihr Personal

Wie in den vorangegangenen Jahrhunderten blieben – unter veränderten Bedingungen – die religiösen Eliten mobil. Die lateinische Kirche und ihr Zentrum Rom ernannte Männer zu Bischöfen in entfernten Regionen, die zu Arbeitsbesuchen nach Rom reisten, während weltliche Mächte Botschafter dorthin entsandten – alle residierten mit zahlreichen Bediensteten ihrer eigenen Kultur. Daneben kamen Künstler und (Kunst-) Handwerker, Pilger und Studenten sowie – da Männergesellschaften Frauen suchten – Dienstleisterinnen mit oft vielfältigen Sprachkenntnissen, darunter hochgebildete Kurtisanen. Die «Landsmannschaften», *nazioni*, umfassten weiterhin Großregionen, unter denen die deutschsprachigen Kardinäle zeitweise zur habsburgisch-spanischen Gruppe gezählt wurden.

Pilger wendeten sich in Rom an Ansässige ihrer Sprache. Ganze Berufssparten entstanden: Herbergswirte mit Familien, Bäcker, Ärzte, Fremdenführer, Priester für die Beichte und andere. Diese schlossen sich nach Sprachen zu Bruderschaften zusammen, die viele Dialekte umfassten: flämisch, nordwestdeutsch, schweizerisch. Die Gruppenpräsenz, die dabei eine Rolle spielte, könnte als Vorform nationalen Auftretens interpretiert werden. Umgekehrt konnte Askription ausgrenzen: Die deutschsprachigen, «ultramontanen» Zuwanderer standen seit der Reformation unter dem Generalverdacht der Häresie.

In den großen dynastischen, meist vielkulturellen Imperien war Herrschaft sesshaft geworden. Aus den Residenzstädten wurden Administratoren, Polizeikräfte und Besatzungstruppen in die Ferne entsandt, aus Berlin in die annektierten polnischen Gebiete, aus Wien in die ungarischen und die Balkangebiete und aus dem habsburgischen Spanien in die österreichischen Niederlande. Hoch qualifizierte, mehrsprachige Juristen und andere Experten bewegten sich in einem europaweiten Arbeitsmarkt. Der Staatsdienst gab Zuwanderern nach einigen Jahren das Recht auf Zugehörigkeit als Untertanen. Dies blieb auch in der Periode dynastischer Nationalstaaten unverändert; noch das restriktive Staatsbürgerschaftsgesetz des Deutschen Reiches von 1913 enthielt diese Möglichkeit.

Eine weitere Form von Mobilität und Kulturaustausch war die *Grand Tour* der Söhne des Adels und zunehmend des Bürgertums. Ziele dieser Erziehungs- und Bildungsreisen besonders nach Frankreich und Italien, später auch England, waren gesellschaftliche Weltläufigkeit, Kennenlernen von fremden Kulturen und Sitten, die Pflege von Netzwerken, aber auch der Erwerb von fachlichen Qualifikationen und Sprachkenntnissen. Die anfangs mehrjährigen Reisen Adliger hatten die Rückkehr und das Einbringen des Gelernten in die politische Praxis des eigenen Staates zum Ziel. Die späteren bürgerlichen Bildungsreisen waren kürzer und dienten der Entwicklung individueller Fähigkeiten, die den Familien zugutekommen sollten. Ganze Künstlergenerationen haben sich von Italien inspirieren lassen. Auch für diese Reisenden bildete sich ein Dienstleistungssektor, oft durch sesshaft gewordene, mehrsprachige Angehörige ihrer Kulturgruppe. Das Einwanderungspotenzial blieb dabei – anders als bei unfreiwillig auswandernden Menschen – gering.

b) Staatlich induzierte Mobilität

Frühneuzeitliche Staaten warben Soldaten an, da die Aushebung eigener Untertanen ihre Wirtschaftskraft verringert hätte. Ein nationaler Militärdienst wurde erst eingeführt, als aus vielkulturellen Untertanen ein nationalkulturelles Volk konzipiert wurde. Eigene oder benachbarte Sprachregionen mit konstantem Überschuss nachgeborener Bauernsöhne bildeten das Reservoir für die Rekrutierung von lohnarbeitenden «Landsknechten» oder Söldnern. Entlassene und damit zeitweise arbeitslose Soldaten zogen durch die Lande. Zur Gewaltanwendung ausgebildet, galten die deutschsprachigen Landsknechte in Zentraleuropa und weiter östlich die pauschal «Serben» genannten Söldner als aggressive Räuber. Ebenso unbeliebt waren in deutschen Regionen englisch- oder italienischsprachige Söldner. Der Zugang zu diesem wenig qualifizierten Beruf war offen, Soldaten wurden als Zeitarbeiter von transeuropäischen Unternehmern an kriegsbereite Fürsten vermietet. Sie waren die erste große Gruppe von Wanderarbeitern. Im Fall fremdsprachiger Herrschaft, zum Beispiel der schwedischen in Vorpommern, Wismar und Bremen-Verden nach dem Westfälischen Frieden, entwickelte sich unfreiwillig interkulturelles Leben. Dauerte sie länger an, kam es zu Heiraten mit einheimischen Frauen, Übernahme von Taufpatenschaften und zu geschäftlichen Beziehungen. Lokalhistoriker haben Besatzungssoldaten oft als Gewalttäter und Plünderer beschrieben, während sie einheimische Männer, die zum Kriegsdienst auszogen, als tapfer und ehrlich darstellten.

Söldnermobilität, oft als permanente Auswanderung, umfasste große Menschengruppen. Vom 16. bis 18. Jahrhundert verließen im Durchschnitt 2500 Männer oder mehr jährlich die deutschsprachigen Schweizer Kantone, insgesamt fast eine Million. Schweden heuerte 1632 für einen einzigen Kriegszug neben 13 000 schwedischen 95 000 vor allem deutschsprachige Männer an. In Napoleons Armeen dienten zwischen 1805 und 1813 374 000 Männer aus mehr als einem Dutzend deutscher Staaten. Ab 1815 meldeten sie sich für die niederländische Kolonialarmee, und ab 1831 war Dienst in der französischen Fremdenlegion möglich. Letztere nahm nach 1871 viele deutschsprachige Elsässer und Lothringer auf, die, soeben vom Deutschen Reich annektiert, nicht in dessen Armeen dienen wollten.

Kriegsführung, eine Männeraufgabe, generierte Flüchtlinge, die als Familien oder als aus Frauen und Kindern bestehenden Restfamilien flohen. Kriegsbedingte Wanderung ist immer geschlechterspezifisch, hat unterschiedliche Auswirkungen auf Männer und Frauen und, intergenerationell, auf Kinder. Wie bereits dargestellt, verließen viele ostwärts Auswandernde kriegszerstörte Gebiete: Kleinstaaterei bedeutete viele Grenzen, anhaltende Streitigkeiten zwischen zu dicht angesiedelten Herrscherfamilien und potenzielle Konflikte um Territorien.

Trotz der im Westfälischen Frieden angestrebten Stabilität durch Glaubens- und Auswanderungsfreiheit verfolgten einzelne – in moderner Terminologie: fundamentalistische – Herrscher weiterhin anderskonfessionelle Untertanen. Infolge der

Aufhebung des bourbonischen Toleranzediktes von 1598 durch Ludwig XIV. (1685) mussten rund 150 000 Hugenotten auswandern – viele wählten deutsche Staaten als Ziel. Vor der habsburgischen Rekatholisierung flohen im 17. Jahrhundert böhmische «Exulanten» nach Brandenburg, Sachsen, Polen, England und in die Niederlande. Nach dem Niederschlagen des böhmischen Aufstandes 1620 verließ etwa eine Million meist deutsch und tschechisch sprechender Menschen das Land. Die ausgedehnten Fluchtwanderungen der Mennoniten nach 1555 sind bereits erwähnt worden. Da sie nicht nur den Kriegsdienst, sondern auch die Eidesleistung auf weltliche Herrscher verweigerten, wurden sie oft auch in Gebieten, in die sie als Siedler gerufen worden waren, verfolgt und waren zur Weiterwanderung bis nach Südrussland und Nordamerika gezwungen. Die letzte umfangreiche religionsbedingte Vertreibung betraf in den 1730er Jahren Familien aus Salzburg und anderen habsburgischen Gebieten, die dem «lutherischen Irrglauben» anhingen. Von Ersteren wanderten viele nach Preußen-Brandenburg, Letztere wurden nach Siebenbürgen deportiert, wo sie separat von den um 1200 eingewanderten «Siebenbürger Sachsen» siedelten. Alle Vertreibungen beraubten die intoleranten Ausgangsstaaten eines – manchmal großen – Teils ihres Humankapitals.

Im Zuge des Bevölkerungswachstums wurde im 18. Jahrhundert in vielen deutschen und europäischen Regionen Ackerland knapp. Merkantilistisch denkende Herrscher warben die von ihren religiös-fundamentalistischen Kollegen Vertriebenen als Kolonisten an für Feuchtgebiete am Niederrhein, an der Oder und Warthe sowie der Wümme und Hamme nördlich von Bremen. Projekte zur Urbarmachung von Feuchtgebieten wurden oft von angeworbenen niederländischen Drainageexperten geleitet. Als Nahwanderer kamen auch nachgeborene, landlose Bauernkinder. Kolonisation bedeutete harte Arbeit unter so schlechten Bedingungen, dass die Zuwanderergeneration hohe Todesraten verzeichnete: «Den ersten sien dod, den tweeten sien not, den dritten sien brot», hieß es im Volksmund der nordwestdeutschen Ansiedlungsgebiete. In den Ausgangsregionen waren die Lebensbedingungen jedoch so schlecht, dass das hohe Risiko in Kauf genommen wurde.

Neue Konzepte zu Menschenrechten stellten seit dem 18. Jahrhundert Dogmen gottgewollter Herrschaft in Frage – zumal Gottes Wille je nach Konfession unterschiedlich interpretiert wurde. Diese Ansätze zu einer politischen Neuordnung konnten zu sequenzieller Flucht führen, so bei kritischen Staatsdenkern in der vorrevolutionären Zeit, reaktionären Kräften während der Revolution und Revolutionären nach Niederschlagung der Bewegung. Nach 1789 erreichten rund 150 000 französische Adlige und Kleriker die deutschen und andere europäische Staaten. Eine Amnestie Napoleons ermöglichte ihnen ab 1801/02 die Rückkehr. Von den Flüchtlingen des italienischen Risorgimento, die ein geeinigtes republikanisches Italien anstrebten, und der polnischen Aufstände gegen die Teilungsmächte Russland, Preußen und Österreich kamen nur wenige in die deutschen Staaten. Russische Reformer flohen ab 1825 nach Mitteleuropa, deutsche Frühsozialisten nach Westeuropa. Paris und London, aber auch Brüssel und Istanbul, Schweizer und, seltener, nordamerikanische Städte wurden zu Zentren der Exilierten. Russische Studenten, besonders junge Frauen, die im Zarenreich von den Bildungsinstitutionen ausgeschlossen waren, migrierten zu deutschsprachigen Universitäten in der Schweiz. Trotz unterschiedlicher Sprachen bildete sich eine transeuropäische Gemeinschaft von Reformern und Revolutionären.

c) Wirtschaftlich-demografische Wanderungsprozesse, -entscheidungen und -zwänge

Mit der zunehmenden Bedeutung beider Amerikas verlagerten sich die Zentren des Fernhandels von den süddeutschen und norditalienischen Städten in Städte an der Nordsee und, gesamteuropäisch gesehen, an der Atlantikküste. Die neuen Zentren entwickelten einen hohen Bedarf an Experten, Unternehmern, Handwerkern, Arbeitern und Seeleuten. Während die Kaufleute und Reeder der mächtigen Atlantik-Anrainerstaaten überseeische Beziehungen entwickelten und sie unter staatlichem Schutz zu Monopolen ausweiteten, bildeten Kaufleute der zersplitterten deutschen Staaten Quartiere in niederländischen, französischen, britischen, spanischen und portugiesischen Häfen. Cádiz wurde zum wichtigsten Umschlagplatz deutscher Exporte und Bordeaux der größte Verteilerhafen für den Import von Kolonialwaren.

Gleichzeitig kamen anderssprachige Kaufleute in deutsche Städte. Aus Portugal 1498 vertriebene Familien jüdischen Glaubens hatten sich in Amsterdam angesiedelt und bildeten in Altona bei Hamburg eine Kolonie. Sie prägten über die niederländischen Kolonialbeziehungen den Südamerikahandel der Stadt, in der es schon eine englische Enklave und eine französische, teils hugenottische Gruppe gab. Jede Intensivierung des Handels bedeutete zusätzlichen Bedarf an Hafenarbeitern und Seeleuten, die oft tief aus dem Inland zuwanderten. Männer und Frauen mit landwirtschaftlichen Fähigkeiten, aber ohne Auskommen mussten in Arbeitsmärkte eintreten, in denen sie als Ungelernte beschäftigt wurden, aber ihren Unterhalt verdienen konnten.

Die Wanderung von Kaufleuten war oft mit der von handwerklichen und industriellen Unternehmern verbunden. Der Schiffsverkehr schuf Routen für viele Migranten. Sächsische Textilunternehmer wanderten im letzten Drittel des 19. Jahrhunderts nicht nur ins zaristische Russland, sondern auch in Industrieorte in den USA. Im Rahmen eines internationalen Marktes dienten Bildungs- und Kontaktreisen, im 19. Jahrhundert vermehrt nach England und in die USA, Industriellen und Ingenieuren auch zur Beurteilung der Konkurrenz oder der Industriespionage.

Selbstbestimmt waren die Auswanderungen von Facharbeitern und Technikern. Die zur Zeit des Merkantilismus verhängten Auswanderungsverbote für hoch qualifizierte Handwerker und Techniker ließen sich nicht mehr durchsetzen. Auf der Basis eines internationalisierten Informationsaustausches konnten sie Chancen wahrnehmen: Zuckersieder aus dem Elbe-Weser-Dreieck in London, sächsische Textilarbeiter in Łódź, Polen, oder Passaic, New Jersey. Auswandernde Unternehmer brachten qualifiziertes Personal wie Glasbläser, Vorarbeiter und Techniker im Textilsektor oder Spezialisten für Mühlenbetriebe mit. Handwerker und Facharbeiter, die ihre Fähigkeiten durch die Maschinen der industriellen Massenproduktion überflüssig werden sahen, wählten oft die Auswanderung in Regionen, wo sie als Experten einheimische zuwandernde Arbeitskräfte anlernen konnten. Die damit verbundene ethnokulturelle Hierarchisierung konnte zu Spannungen führen.

Bewohner von Regionen mit spezifischen Produkten konzentrierten sich auf den Klein- und Wanderhandel: Händler aus dem Münsterland zogen durch Mittel-, West- und Nordeuropa, aus dem Rheinischen und Westfälischen in die Niederlande, schottische Kleinhändler wanderten seit dem Mittelalter in polnischsprachige Gebiete, Glashändler aus den böhmischen Glashütten in benachbarte deutsche Gebiete und von dort weiter.

Vielfältige großräumige Wanderungen spezialisierter Berufsgruppen sind in und aus dem deutschsprachigen und mitteleuropäischen Raum belegt: nach Paris, Amsterdam und London, nördlich nach Kopenhagen und Stockholm, nach Wien und in den Donauraum. Dauerhafte Ansiedlungen, «Kolonien», entwickelten sich entlang der Routen und an den Endpunkten. Unter den zünftigen Handwerksgesellen vermarkteten besonders Bauhandwerker und, für die Ausstattung von Sakral- und Profanbauten, Künstler ihre Fachkenntnisse fern ihrer Herkunftsregion. In der Zeit des Barock kamen sie aus Graubünden, Tirol und Vorarlberg, dem Tessin und Norditalien. Der Wiederaufbau nach Ende des Dreißigjährigen Krieges erforderte Maurer, Steinmetze, Stuckateure, Zimmerleute. In Nischen siedelten sich Kleinproduzenten an, etwa deutsche und Schweizer Zuckerbäcker in Moskau und nordwestdeutsche Bäckergesellen in Amsterdam. Letztere konnten sich einer eigenen lutherischen Kirchengemeinde anschließen und heirateten oft lokal. Rheinische, süddeutsche und elsässische Tischler siedelten im zunftfreien Pariser Vorort St. Antoine und produzierten für den Adel und das gehobene Bürgertum. Sie kamen oft mit Familie, da Ansiedlung, Einkommen und, durch die Gemeinde, auch die Sorge für das Seelenheil gemäß heimischen Gewohnheiten gesichert waren. In die deutschsprachige Region kamen italienische Zinngießer für Tafelgerät und ungarische Kupferschmiede. Letztere, vermutlich aus der Gruppe der Roma und Sinti, galten als «fahrendes Volk» und «Kesselflicker». Die Arbeit und Anwesenheit der Migranten wurde gebraucht: Im Wien des 18. und 19. Jahrhunderts waren mehr als drei Viertel der Handwerksgesellen Zuwanderer.

Hohe Nachfrage bestand, wie seit dem Mittelalter, auch nach Bergleuten. Sie entwickelten eine Gruppenidentität, die sich aus Fachwissen, Fachsprache und Familienwanderung sowie eigenen Bräuchen zusammensetzte. Seit dem 16. Jahrhundert wanderten mitteleuropäische – nicht nur deutschsprachige – Berg- und Hüttenleute in die norwegischen und schwedischen Gebiete. Manche dieser «Montanspezialisten» wurden von dort investierenden wallonischen und niederländischen Unternehmern angeworben. In späterer Zeit wurden Bergleute auch für die Kolonien rekrutiert.

Aus manchen Armutsgebieten mussten selbst Kinder zu fernen Arbeitsmärkten wandern. Eine ihrer Berufsnischen war das Kaminfegen, denn nur Kinder im Alter von sieben bis 14 Jahren konnten in die Kamine klettern. Deutsch- oder italienischsprachig aufgewachsen, zogen sie aus den Tälern der Westalpen nach Paris, Leipzig, Amsterdam und in andere Städte. «Hütekinder» aus Tirol, Vorarlberg und Graubünden wanderten, teils über Alpenpässe und Routen von mehr als 200 Kilometern, in das Schwäbische («Schwabenkinder»). Vielen von ihnen wurden auch andere, körperlich schwere Aufgaben übertragen, den Mädchen, die ein Fünftel bis ein Drittel der Migranten ausmachten, oft Hausarbeit.

Dass Frauenwanderung bisher kaum erwähnt wurde, liegt einerseits an der Forschung, die Männerwanderungen privilegiert, andererseits an den Frauen zugeschriebenen Rollen. Junge Frauen wanderten in Hausarbeit oder landwirtschaftliche Hofarbeit. Diese war als Lehrzeit gedacht – Mädchen sollten vor der Heirat alle Haushaltstätigkeiten erlernen. An deren Ende stand jedoch nicht wie bei den Handwerkern eine Gesellenprüfung, sondern Heirat und unbezahlte Hausarbeit. Entgegen gesellschaftlichen Klischees leisteten Frauen hoch qualifizierte Arbeit: Die Wiener Küche ist durch zugewanderte böhmische Köchinnen geprägt; Näherinnen stellten Maßanzüge und Ballkleider her; auch Kinderbetreuung ist keine ungelernte Tätigkeit. Angesichts der Restriktionen, denen Frauen auch in Bezug auf Reisen unterlagen, war ihre Migration oft Nahwanderung, konnte aber auch auf ferne Großstädte zielen – so zur Hausarbeit in Paris, den Niederlanden oder gar Alexandria in Ägypten. Da Frauen oft im wörtlichen Sinne übersehen werden, lassen sich manche ihrer Wanderungen nur über standesamtliche Unterlagen am Ankunftsort belegen – da die Heirat gesellschaftlich erwartet wurde, wurde sie auch statistisch erfasst.

Für viele der von Migranten ausgeübten Tätigkeiten war nur ein Anlernen erforderlich: Italienische Straßenmusiker und Eismacher kamen saisonal seit Mitte des 19. Jahrhunderts nach Deutschland, Österreich, in die Niederlande und andere Staaten; Familien aus dem Lipperland arbeiteten saisonal in der Ziegelherstellung in Holland, Italiener in Luxemburg; Bauernsöhne aus dem Weserbergland bemannten im Herbst die norddeutsche Heringsflotte. All diese Wanderungen waren Teil des regionenspezifischen Angebots von Spezialisten für angrenzende und entferntere Arbeitsmärkte. Der Informationsaustausch über Routen, Nachfrage und Lohnhöhe verband Handwerker-, Unternehmer- und Händlerwanderungen miteinander. Die Ausgangsgebiete konnten dabei sehr kleinräumig sein: das Lechtal oder Zillertal, das Münsterland oder die Elbe-Weser-Gebiete.

d) Wanderung ungelernter Arbeitskräfte zu Beginn der Industrialisierung

Mit der Abschaffung von Leibeigenschaft und Zunftsystem und mit der Industrialisierung nahm der Anteil Ungelernter an den Arbeitsmigranten zu. Die industrielle Massenfertigung beendete die im Handwerk übliche Kombination von Fachwissen und Produktionspraxis und teilte sie auf in Ingenieurswissen und ungelernte Tätigkeit an Maschinen. «Freigesetzte» ländliche Gruppen, die ihre feudalen Besitzer zum Teil durch Landabgaben entschädigen mussten, fanden kein Auskommen. Insofern war die umfangreiche Land-Stadt-Wanderung nicht frei, sondern durch Verarmung erzwungen. Sie zielte auf benachbarte Orte, ferne Industrie- und Bergwerksregionen und überseeische Arbeitsmärkte (Kap. 5). Dabei wanderten Menschen aus der Landwirtschaft in Wirtschaftssektoren, für die sie keine Ausbildung hatten. Sie mussten einen Qualifikationsverlust hinnehmen, um überhaupt ein Einkommen erzielen zu können.

Auch diese Migrationen hatten eine lange regionenspezifische Tradition. Seit dem 17. Jahrhundert waren «Hollandgänger» aus nordwestdeutschen, kleinbäuerlichen Regionen in die urbanisierten Niederlande gewandert, um landwirtschaftliche Arbeiten zu übernehmen, die die Einheimischen wegen unzulänglicher Bezahlung nicht mehr akzeptierten. «Sachsengänger» kamen in die ebenfalls von Arbeitskräfteverknappung betroffenen sächsischen Regionen. Beide Gruppen wanderten saisonal mit dem Zyklus landwirtschaftlicher Tätigkeiten in Perioden der Unterbeschäftigung zu Hause. Vom späten 19. Jahrhundert bis 1914 kamen schwedische und niederländische Arbeitskräfte zum Teil für mehrere Jahre nach Nordwest- und Nordostdeutschland. Innerhalb West- und Zentraleuropas wurde das Deutsche Reich in den 1880er Jahren zum Zuwanderungsgebiet (Kap. 6).

5. Transatlantische Migration: Nordamerika, Südamerika, andere Ziele

Von den ca. 7 Millionen Männern, Frauen und Kindern, die nach Amerika auswanderten, wählten rund 90 Prozent die USA und 2 Prozent Kanada als Ziel – die große Mehrzahl im «verschobenen» 19. Jahrhundert 1815–1914. Statistiken fehlen für die frühe Zeit und sind unvollständig für das späte 19. Jahrhundert. Dies ist nicht verwunderlich, da Auswanderer, soweit sie noch einen Konsens des Großgrundbesitzers oder einer Behörde benötigten, oft ohne Abmeldung abzogen – sie waren die «Illegalen» der damaligen Zeit. Als «Wirtschaftsflüchtlinge» verließen sie unerträgliche feudale Bedingungen. Bei der Einreise gaben sie meist ihre Herkunftsregion an, und Einwanderungsbeamte, mit der politisch-kulturellen Geografie der deutschsprachigen Regionen nicht vertraut, nahmen die Zuordnung zu Staaten vor. Die Statistik der USA registrierte bis 1907 nur Einreisen. Rückwanderung muss davon subtrahiert werden, um Daten zur Nettoaus- und -einwanderung zu erhalten.

Die Reise bestand aus drei Etappen: Anfahrt zum Ausreisehafen (oft mehrere Wochen), Atlantiküberquerung (in der Segelschiffperiode sechs bis zwölf Wochen oder länger) und Fahrt zum Zielort. Seit den 1870er Jahren verkürzten Dampfschiffe die Seereise auf zwölf, um 1900 auf sieben Tage. Frühe Routen führten aus Süddeutschland rheinabwärts zu den niederländischen Häfen; seit den 1850er Jahren verbanden Eisenbahnlinien alle Abwanderungsgebiete mit Hamburg und Bremen. Die Ausgangsgebiete dehnten sich seit den 1840er Jahren von der Pfalz und dem Südwesten auf das Hessische aus, dann auf Westfalen und Mecklenburg, schließlich auch auf den Nordosten und die großen Städte. Im Osten wurden Erfahrungen an zweisprachige polnische Nachbarn weitergegeben, die sich der Atlantikwanderung anschlossen.

a) Auswanderung nach Nordamerika bis 1815

In der frühen Zeit setzten sich die Auswanderer vor allem aus Religionsflüchtlingen und Verarmten zusammen. Anfangs nahm das in den 1620er Jahren gegründete Neu-Amsterdam (heute New York) Glaubensmigranten auf. Angesichts der kulturellen und sprachlichen Nähe rheinischer und holländischer Gebiete war diese Wanderung leicht zu arrangieren. Gründungsmythos «deutscher» Präsenz ist jedoch die Ankunft von 13 mennonitischen und Quäker-Familien aus Krefeld, geleitet von Franz Daniel Pastorius, in Philadelphia, wo sie Germantown bauten. Das religiöse Zuflucht bietende Pennsylvanien wurde Hauptziel für etwa 75 000 bis 110 000 Auswanderer des 17. und 18. Jahrhunderts. Wie die Ostwanderer kamen sie aus südwestdeutschen Fürstentümern, der Pfalz, dem Elsass und aus Schweizer Kantonen. Sie flohen sowohl vor Verfolgung als Pietisten, Quäker, Mennoniten oder, je nach Fürstencredo, als Katholiken und Lutheraner, als auch vor hohen staatlichen und kirchlichen Abgaben, Verarmung und Kleinkriegen der Fürstenhäuser. Die süddeutschen Regierungen handhabten Auswanderungsgesuche liberal und sahen in der Abreise der Verarmten einen Gewinn für das Staatswohl.

Kleinbäuerliche Familien verkauften ihren Besitz, um die Kosten der Reise bestreiten zu können. So war Rückkehr für sie keine Option. Für Verarmte bot das *Redemptioner*-System, eine Art von Schuldknechtschaft auf Zeit, einen Ausweg. Sie verdingten ihre Arbeitskraft für mehrere Jahre – im deutschen Kontext meist für sieben Jahre – an einen Kapitän, der sie nach Nordamerika transportierte und sie dort als *indentured servants* oder *redemptioners* verkaufte. Am Ende ihres Kontraktes als Mägde und Knechte waren sie freie Menschen. Trotz oft schwieriger Arbeitsbedingungen und gelegentlichen Missbrauchs konnten so mittellose Menschen ein chancenreicheres Leben beginnen. Ähnlich wurde in Irland, Frankreich und anderen Staaten verfahren. In Pennsylvanien bildeten die Neuankömmlinge kompakte Siedlungen, vergleichbar denen Südrusslands.

Sonderfälle waren die *Foreign Protestants* und die «Hessen». Im Zuge atlantikweiter imperialer Kriege erhielt das Haus Hannover, seit 1714 Herrscher in Großbritannien, von den Bourbonen die katholisch besiedelte Kolonie Akadien/Nova Scotia. Als Gegengewicht zu den Katholiken wurden in den 1750er Jahren *Foreign Protestants* aus dem Familiensitz Braunschweig-Lüneburg rekrutiert, später auch aus anderen Gebieten und Schweizer Kantonen. Die etwa 1500 Familien bildeten den Beginn der deutschsprachigen Auswanderung in das spätere Kanada. Zum anderen setzte das Britische Empire im amerikanischen Unabhängigkeitskrieg deutschsprachige Truppen, meist «Hessen» genannt, ein. Diese Zwangsmigranten wurden von ihren Fürsten gegen Geld «verliehen». Rund 5000 Deserteure und Kriegsgefangene entschieden sich, in den USA zu bleiben, und einige holten ihre Familien nach. Unter den 17 300 Zurückkehrenden befanden sich etwa 200 schwarze Amerikaner, die sich in den Einheiten verpflichtet hatten und als Einwanderer in Kassel mit ihren Familien oder mit lokalen Ehepartnerinnen Teil der Bevölkerung wurden.

In Pennsylvanien wurde angesichts der englisch-deutschen Besiedlung in der Legislative bis in die 1770er Jahre Englisch und Deutsch gesprochen. Daraus entstand der nationalchauvinistische deutsche Mythos, Deutsch habe in den USA zur Nationalsprache werden können. Zur Zeit der Unabhängigkeit, 1776, lebten ca. 225 000 Nachkommen deutschsprachiger Einwanderer in den Kolonien (ca. 7 Prozent der Gesamtbevölkerung). Ihre anfangs geschlossenen Siedlungen dehnten sich über die Generationen in Mischsiedlung mit anderen Gruppen aus, und junge Menschen wanderten in die Städte ab. Sie besaßen Religionsfreiheit, aber keine juristische Sonderstellung, und sie mussten und wollten sich als Teil der vielkulturellen Bevölkerung sehen.

b) Massenauswanderung 1815 bis 1893 und ethnokulturelle *community*

Nach den europaweiten Kriegen von 1789 bis 1815, als der Wiener Kongress alle revolutionären Errungenschaften rückgängig machte und 1816/17 ein besonders kalter Winter zu einer Hungerkrise führte, begann eine Massenauswanderung. Da seit den 1830er Jahren die vorteilhaften Siedlungsbedingungen im Habsburger- und Zarenreich abgeschafft wurden, nahm die Bedeutung der transatlantischen Ziele zu. Höhepunkte erreichte die Auswanderung aus den Gebieten des späteren Deutschen Reiches mit mehr als je einer Million von 1846 bis 1857 und von 1864 bis 1873 und 1,8 Millionen zwischen 1880 und 1893. Danach kamen nur noch 20–40 000 Menschen jährlich, was bei einer Rückwanderungsrate von 15–20 Prozent eine jährliche Nettozuwanderung von etwa 25 000 bedeutete. Von 1870 bis 1910 kamen 1,8 (von 3,5) Millionen habsburgische Auswanderer aus dem zisleithanischen Teil, von denen nur ein geringer Prozentsatz deutschsprachige Österreicher waren

(Hans Chmelar). Aus der Schweiz wanderten zwischen 1821 und 1920 260 500 Menschen besonders aus den deutschsprachigen Kantonen aus. Über 80 Prozent von ihnen gingen nach Nordamerika (Leo Schelbert, Gérald Arlettaz). In dieser Periode ist es angesichts der Entwicklung nationaler Zugehörigkeiten sinnvoll, Österreich-Ungarn und die Schweiz nicht mehr in die Gesamtschau einzubeziehen.

Zeiten geringerer Auswanderung reflektieren Wirtschaftskrisen: Potenzielle Migranten informierten sich genau über die Bedingungen in der Ankunftsregion. Angesichts der Bevölkerungszunahme wirkten Ernährungs- und Teuerungskrisen, unzureichende frühindustrielle Arbeitsmärkte und die Unterbeschäftigung oder Arbeitslosigkeit als kontinuierlicher Abwanderungsdruck. Sehr viel stärker als die Auswanderung trug jedoch die interne Land-Stadt-Wanderung zur Verringerung der ländlichen Bevölkerung bei, da die Städte vielfältigere und bessere Arbeitsmarktchancen boten. Die Briefe von Auswanderern und Berichte von Rückwanderern betonten, dass es in Nordamerika keinen Kirchenzehnten gab, dass die Steuern niedriger, das Ackerland billiger und die Arbeitsmärkte besser waren. Die Schreiber hoben hervor, dass lokale Beamte gewählt und nicht von oben eingesetzt wurden: Auswanderung war auch ein politisches Projekt. Vom Zeitalter der Revolution bis zur Industrialisierung entwickelte sich eine Sequenz positiver Amerikabilder: ein republikanisch-demokratischer Staat, reichliches und billiges Land, eine dynamische wirtschaftliche Entwicklung. Die konkrete Abreiseentscheidung folgte jedoch nicht einem vagen Amerikabild, sondern wurde auf der Basis detaillierter Informationen von vertrauenswürdigen Vorausgewanderten getroffen.

Während für die Migration selbst Religion keine Rolle spielte, wurde sie in der historischen Meistererzählung durch eine (Rassen-)Trennung zwischen (christlichen) Deutschen und deutschsprachigen Juden unterstrichen; Österreicher und deutschsprachige Schweizer wurden ethnonational separat behandelt. Nach der Ankunft bildeten «die Deutschen» – wie «die Iren» – jedoch zwei nach katholischer oder protestantischer Konfession unterschiedene Gruppen. Mennoniten sowie Amische siedelten separat und entwickelten eigene Geschichtserzählungen. Von den 1820er bis in die 1870er Jahre kamen ca. 150 000 bis 180 000 Menschen jüdischen Glaubens aus Zentraleuropa in die USA, danach wanderten angesichts ihrer bürgerlichen Integration und sicheren wirtschaftlichen Stellung kaum Juden aus Deutschland aus. Um 1880 begann die Massenauswanderung osteuropäischer Juden in europäische und, in der überwiegenden Mehrzahl, in amerikanische Großstädte.

Der größte Teil der deutschen Auswanderer siedelte sich in einem Gürtel an, der sich von New York und Philadelphia an der Ostküste über die ländlichen Gebiete Pennsylvaniens und New Yorks und über Cincinnati und St. Louis bis nach Chicago hinzog. Eine kleinere Zahl reiste über die Häfen am Golf von Mexiko ein und siedelte von Texas bis Missouri, Sklavenstaaten bis 1863. Nach der Vertreibung der *First Nations* (Indianer) förderte ab 1862 das Heimstättengesetz die Ansiedlung im Westen, und deutsche (und skandinavische) Familien ließen sich in Wisconsin und Minnesota nieder. Das Gesetz ermöglichte die Registrierung einer Familienfarm gegen eine geringe Gebühr, vorausgesetzt, dass die Einwanderer auf ihrem Besitz lebten und die Prärie urbar machten. Einwanderer sollten als Produzenten durch ihre Arbeit zum staatlichen Gesamtprojekt beitragen.

Einige Wanderungsprojekte blieben randständig. Erstens versuchte ein deutscher Adelsverein in Texas Land zu kaufen, als geschlossenes Gebiet und möglicher deutscher Einzelstaat im amerikanischen föderativen System. Die Pläne scheiterten. Zweitens deportierten Behörden deutscher Staaten Arme und «Kriminelle» – darunter fielen Diebstahl aus Armut und kleinere Unbotmäßigkeiten. Es handelte sich nur um wenige, und manche Beamte erkannten, dass die durch Unglück Verarmten in dem demokratischeren Nordamerika bessere Lebenschancen haben würden. Drittens wanderten nach der gescheiterten Revolution von 1848/49 Demokraten als politische Flüchtlinge aus. Ihr Einfluss blieb gering, ihr politisches Denken und Handeln ließen sich nicht nahtlos in ein anderes System übertragen. Die viel zitierte Ausnahme bilden Carl und Margarethe Schurz. Er engagierte sich politisch und wurde von 1877 bis 1881 Innenminister der USA. Margarethe und ihre Schwester Bertha von Ronge engagierten sich in der Über- und Umsetzung der fröbelschen Idee von Kindergärten so erfolgreich, dass *kindergarden* ein Wort des amerikanischen Englisch wurde. Eine vierte, kleine Gruppe bildeten die deutschen Sozialisten und Sozialdemokraten, die unter dem bismarckschen Sozialistengesetz (1878–1890) Deutschland verließen. Auch ihre Ideen ließen sich nicht unverändert übertragen. Manche beeinflussten die kleine sozialistische Bewegung in den USA; andere trugen durch Spenden zum Überleben der in Deutschland als «gemeingefährlich» verbotenen sozialdemokratischen Partei bei. Partei und Gewerkschaften versuchten, Arbeiter von der Auswanderung abzuhalten: Ihr Projekt war die Verbesserung der Lebensbedingungen in Deutschland durch kollektive Aktion, das der Migranten die Verbesserung der eigenen oder familiären Situation durch individuelle Abwanderung. Sie verließen ein Deutschland, das nicht das ihre sein sollte, hatte doch der Kaiser sie als «vaterlandslose Gesellen» beschimpft.

Schon in den 1840er Jahren war nur ein Drittel der USA-Einwanderer Farmer. Ein weiteres Drittel kam aus unterbäuerlichen Schichten, ein Drittel waren Handwerker und Arbeiter. Entsprechend wanderte die Mehrzahl in Städte wie New York, Cincinnati und Chicago, im Süden nach Galveston und New Orleans. Frauen schufen sich eigene Netzwerke, arbeiteten als Dienstmädchen, als Näherinnen oder in Fabriken. Eine Position als Dienstmädchen in einer – amerikanischen – Familie ermöglichte schnelle Akkulturation, sparte Miete und Beköstigung und, durch weitergegebene Kleidung der Hausfrau, Ausgaben für Kleidung. Trotz der sehr niedrigen Löhne konnten so viele junge Frauen Geld sparen. Frauen waren sich auch bewusst, dass sie in Amerika keine Mitgift in eine Ehe einbringen mussten. Ihre im amerikanischen Rechtssystem und in den gesellschaftlich definierten Geschlechterrollen bessere Position zeigte sich auch an den, im Vergleich zu Männern, geringeren Rückwanderungsraten.

Ethnokulturelle Nachbarschaften, manchmal als «Kleindeutschland» bezeichnet, waren nie eine Replika der deutschen

Verhältnisse, denen die Migranten hatten entkommen wollen. Die Kritik am deutschen Staat (vor 1871: den Staaten), an sozialen Hierarchien und mangelnden Arbeitsplätzen bedeutete nicht, dass alltagskulturelle «deutsche» Gewohnheiten nicht weiterhin gelebt und den Umständen angepasst wurden. Es entstand eine bescheidene Mittelschicht, in größeren Städten auch eine gehobene. Die *community* spaltete sich in Klassen, was sich auch im Pressewesen und Vereinsleben ausdrückte. Selbstorganisation spiegelte regionale Herkunft wider, Landsmannschaften und Konfessionen waren die Basis kulturellen Zusammenhalts.

Angesichts des sich in den USA im 19. Jahrhundert entwickelnden Diskurses über ethnische Gruppen und angesichts der Möglichkeit, sich als Gruppe in städtische und einzelstaatliche politische Prozesse einzubringen, entstand trotz der internen Differenzierungen ein Zusammenhalt als *German-Americans*. Das Konzept war politisches Instrument ebenso wie Askription von außen und konnte flexibel genutzt werden; ethnische Gruppen haben *fuzzy frontiers* (Robin Cohen). Die Entwicklung von deutschsprachigen Einwanderern zu Deutsch-Amerikanern und zu Amerikanern ist oft unter der Gegenüberstellung Kulturerhalt vs. Kulturverlust diskutiert worden. Diese Dichotomie ergibt keinen Sinn: Die Auswanderer verließen eine Gesellschaft und einen Staat, die ihnen zu wenig Chancen boten, Lebensprojekte zu entwickeln oder auch nur traditionelle Lebenswege zu verfolgen. Sie wollten sich von Aspekten des Systems befreien, ohne die geschätzte Alltagskultur abzulegen.

c) Konsolidierung und Amerikanisierung bis 1917

Das Ende der Massenwanderung – 2,1 Millionen Menschen zwischen 1871 und 1893 – bei gleichzeitiger Akkulturation und Sozialisation der Kinder in amerikanischen Schulen bedeutete eine Verringerung des Kontaktes zu Familien und Freunden in der Ausgangsregion, der psychologischen «Heimat» im engeren Sinne. Gleichzeitig wuchs das Bewusstsein, dass Engagement in der neuen Gesellschaft gefordert war.

Bis zum Beginn der 1890er Jahre war die Gruppe gekennzeichnet durch hohe Dynamik und Flexibilität: landsmannschaftliche Aktivitäten, hoch entwickeltes Zeitungswesen, soziale Hilfs- und Kulturvereine. Dann folgte eine Konsolidierungsphase bis 1914. Die dreifache Aufgabe der Einwandererpresse – Berichte über die alte Gesellschaft, über die neue Gesellschaft, Diskussion von Entwicklungen in der *community* – verlagerte sich fast unmerklich zur neuen Gesellschaft, sichtbar durch die Einführung einer englischsprachigen Seite für die Jugend. Deutschkenntnisse waren außer Haus wenig nützlich; ein Kampf um Kulturerhalt wäre ein Weg in die Sackgasse gewesen.

Um 1910 war die Eingliederung – Amerikanisierung – weit fortgeschritten. Neben den Irisch-Amerikanern waren die Deutsch-Amerikaner die größte ethnische Gruppe, hatten aber mehr Ressourcen entwickeln können. Ein Teil hatte seit 1871 den Aufstieg des Kaiserreiches positiv bewertet, reflektierte doch der Ruf Deutschlands positiv auf die Wahrnehmung der Deutsch-Amerikaner in ihrer neuen Gesellschaft. Diese Situation endete mit der Kriegserklärung im August 1914. In der *community* bildete sich, noch in nationaler oder nationalistischer Solidarität, eine Bewegung zur Unterstützung der «alten Heimat». Ihre Sprecher wollten den aggressiven Charakter der Kriegsziele nicht wahrhaben und forderten strikte Neutralität der USA. Die breite Mehrheit der alteingesessenen Amerikaner und die ethnokulturellen Gruppen, deren Ausgangsgebiete von deutschen und Habsburger Armeen besetzt wurden, bezogen eine entgegengesetzte Position: «Kaisertum» wurde zum Inbegriff von Aggression, Arroganz, Zerstörungswut. In hysterischer Übertreibung machten viele Amerikaner keinen Unterschied zwischen reaktionären kaisertreuen Deutschen und der Gruppe insgesamt. Als 1917 die USA in den Krieg eintraten, zeigte sich, dass die Konsolidierungsphase auch Stagnation gebracht hatte, zahlreiche Institutionen kollabierten. Die in der älteren Literatur verbreitete Einschätzung, Deutsch-Amerikaner seien der deutschen Kultur treu geblieben und nur die Kriegshysterie der Amerikaner habe diese Treue zerstört, ist falsch.

d) Deutschsprachige Einwanderer in Kanada

Auswanderung nach Kanada folgte einem eigenen Zeitrhythmus und zeigte andere soziokulturelle Charakteristika. Kanada (Dominium ab 1867) wurde erst im 19. Jahrhundert Ziel, zuerst für Mennoniten und Amische, die aus den inzwischen übervölkerten Siedlungen in Pennsylvanien ins südliche Ontario kamen. Zuwanderung aus dem deutschsprachigen Raum blieb gering und war auf Städte gerichtet. Die kanadischen Prärien wurden in den 1870er Jahren, nach Beschränkung der Indianer/*First Peoples* auf Reservate, für Besiedlung geöffnet, das heißt zeitgleich zur Abschaffung des Sonderstatus für die deutschsprachigen Enklaven in Russland. In sekundären Wanderungen kamen aus dem Zarenreich Mennoniten ins südliche Manitoba, wo die Regierung ihnen *reserves* zuwies, und *Germans from Russia* nach Alberta. Letztere versuchten wieder «Kolonien» (*bloc settlements*) zu bilden, konnten aber nur in einigen Kleinregionen Konzentrationen schaffen.

Da ab 1890 nur noch wenig freies Land in den USA zu besiedeln war, wanderten Menschen zunehmend in die kanadischen Prärien, manchmal aus dem amerikanischen Westen, wo sie für ihre Kinder kein Land mehr erwerben konnten. Immer noch folgten Ansiedlungsentscheidungen der Möglichkeit, sich einer katholischen oder protestantischen Gemeinde anzuschließen. Als die USA ab 1917 die Zuwanderung reduzierten, hielt Kanada, das noch dringend Bevölkerung brauchte, die Grenzen offen. In den 1920er und 1930er Jahren wanderten Männer und Frauen aus Deutschland überwiegend als Arbeiter in die Städte. Die letzten noch zu erschließenden Prärieregionen lagen weit entfernt von Märkten und urbanen Zentren. Auswanderung nach Nordamerika ab 1918 erfolgte im Rahmen neuer politisch-gesellschaftlicher Bedingungen in Europa (Kap. 7).

e) Auswanderung nach Süd- und Zentralamerika, 1820er bis 1930er Jahre

In der kolonialen Periode hatte die spanische Krone kaum «Ausländer» einwandern lassen. Doch hatte sie 1528 Venezuela an die süddeutschen Welser verpachtet, deren Bergleute und Soldaten aber keine dauerhaften Ansiedlungen bildeten. Später brachten deutschsprachige und iberische Bergleute Verhüttungstechnologien ins spanische Mexiko. In Hamburg siedelnde portugiesisch-jüdisch-niederländische Kaufleute etablierten Handelsbeziehungen nach Surinam und zum niederländischen Teil Brasiliens. In den Unabhängigkeitskriegen kämpften deutschsprachige Offiziere und Soldaten als Söldner in der Armee Simón Bolívars.

Auswanderung begann erst in den 1820er Jahren, als die napoleonische Besetzung Spaniens die Kolonialherrschaft geschwächt hatte, sodass von Mexiko bis Argentinien die Unabhängigkeit erkämpft werden konnte. Nach Lateinamerika migrierten mit insgesamt rund 400 000 Menschen nur 5 Prozent aller deutschen Auswanderer. Im Unterschied zu Kontinuitäten der Nordamerikawanderung ist die auf Lateinamerika gerichtete in mehrere Phasen unterteilt (Walther L. Bernecker und Thomas Fischer). Die erste, im Hungerwinter 1816/17 beginnende und nur ein Jahrzehnt andauernde Wanderung war auf Brasilien konzentriert. Infolge der europäischen Agrarkrise von 1846/47, aber verzögert durch die Revolution 1848/49, begann eine zweite, wiederum ein Jahrzehnt anhaltende Phase, in der 23 000 Deutsche Iberoamerika erreichten. Eine dritte Phase von 1866 bis 1900 brachte bis zu 17 000 Menschen jährlich. Vom Ende des Ersten Weltkrieges bis 1924 wanderten über 86 000 Menschen aus, gefolgt von 75–90 000 Flüchtlingen der Naziherrschaft und schließlich, nach 1945, von Funktionären der NSDAP, die der Justiz mithilfe eines SS-Netzwerkes und der katholischen Kirche entkamen.

Brasilien und Argentinien sowie in zweiter Linie Uruguay und Chile waren die wichtigsten Ziele. Mexiko, Zentralamerika und die Karibik wurden erst spät einbezogen. Soziologisch lassen sich die Auswanderer in Siedlungswanderer und Eliten teilen. Die brasilianische Regierung versuchte zwischen Großgrundbesitzern und Sklaven ein freies Bauerntum zu etablieren. Offiziere oder Privatunternehmer rekrutierten – wie die Lokatoren der Ostsiedlung – bäuerliche Familien, die Land erhielten und dieses urbar machen mussten. Ähnlich wie im Zarenreich bildeten sie Kolonien und praktizierten ein Deutschtum, das die Modernisierung im Reich nicht wahrnahm. Weniger erfolgreiche Einwanderer (nicht nur deutsche) sanken ab zu Landarbeitern auf Latifundien, besonders Kaffeeplantagen. Auch in Chile führte die Abgelegenheit der Siedlungen zu fast autonomer Koloniebildung. Urbane Oberschichten aus Kaufleuten importierten für die Alltagskultur wichtige Güter aus Deutschland und exportierten Erzeugnisse der Siedler nach Deutschland. Nach Argentinien kamen seit den 1850er Jahren überwiegend Handwerker und Kleinunternehmer. Zum Schutz potenzieller Auswanderer vor Ausbeutung durch Großgrundbesitzer wie zur Sicherung des Arbeitskräftereservoirs war in Preußen ab 1859 und im Reich ab 1871 ein Anwerbeverbot für Brasilien in Kraft.

Die Elitenwanderung umfasste Kaufleute, Bankiers und Unternehmer, aber auch Ingenieure, Offiziere und Wissenschaftler – sie bildeten eine kleine Gruppe mit großem wirtschaftlichem Einfluss. Viele kamen im Rahmen traditioneller Wirtschaftsbeziehungen. Unter den Privilegien, die die Diktatur von Präsident Porfirio Díaz (reg. 1876–1910) ausländischen Investoren in Mexiko bewilligte, florierten die Geschäfte der etwa 2000 Deutschen im Land. Über sie versuchte das Reich nach 1914, Mexiko zum Kriegseintritt und zum Kampf gegen die USA zu bewegen. Zunehmend waren Großkonzerne wie Stinnes, IG Farben, Mannesmann, AEG und Zeiss mit eigenem Personal vertreten. Sie bildeten mit britischen, französischen und US-amerikanischen Investoren einen Staat im Staate. Der deutsche Besitz wurde während des Zweiten Weltkrieges konfisziert (zur Fluchtwanderung ab 1933 vgl. Kap. 7).

Wie im Fall von Osteuropa bedeutet die gestaffelte Zuwanderung, dass jede neu ankommende Kohorte ein sozioökonomisch und kulturell anderes Deutschland verlassen hatte, mit eigenem Profil kam und sich in ihrer wirtschaftlichen Stellung von der vorangehenden unterschied. In den beiden großen Zielstaaten, Brasilien und Argentinien, siedelten die Kohorten auch in unterschiedlichen Regionen. Die geografische Isolierung vieler landwirtschaftlicher Kolonien machte sie zu Inseln deutscher Kultur, deren Separation von der Modernisierung Deutschlands eine identitätsstiftende Funktion besaß. Im Zuge des Versuchs technokratischer Eliten der Zuwanderungsstaaten, die kulturell und durch Hautfarbe indianisch geprägten Gesellschaften zu europäisieren oder «aufzuweißen» (*to whiten*), wurden die Einwanderer als einheitliche, weiße, deutsche Gruppe konstruiert. Dafür eignete sich weder die Gruppe der ländlichen Siedler, die sich selbst segregierten, noch die der städtischen Handwerker, die sich in Argentinien spanischsprachig bzw. in Brasilien portugiesischsprachig akkulturierten. Die dritte Gruppe, Kaufleute und Unternehmer, entwickelte sowohl Kontakte zu einheimischen Eliten wie transatlantische Handelsbeziehungen. Wie eingewanderte Lehrer, Wissenschaftler, Ingenieure und Offiziere profitierten sie von dem guten Ruf, den deutsche (und andere europäische) Kultur und Produkte bei lateinamerikanischen Eliten genossen. Letztere standen oft in mentaler und wirtschaftlicher Abhängigkeit zur europäischen und zunehmend auch nordamerikanischen Welt, wie von den *dependency*-Theoretikern untersucht.

f) Weitere Zielregionen: Australien, Neuseeland

Da Australiens Kolonien/Staaten jeweils ihre eigene Einwanderungspolitik verfolgen konnten und ihre Zentren weit voneinander entfernt lagen, entstand keine integrierte deutschsprachige Gruppe. Bis 1914 und darüber hinaus bis zum Ende des Zweiten Weltkrieges blieb die deutsche Auswanderung nach Australien und Neuseeland gering (Johannes H. Voigt). Wie in Europa wanderten anfangs einzelne Experten: Landvermesser und Astronomen, die Regierungsdienste suchten; Forschungsreisende und Missionare; Mitglieder einer altlutherischen Gemeinde, die sich dem brandenburgischen Staat entziehen wollten. Erste agrarische Siedler wurden ob ihrer Fachkenntnisse angeworben: Winzer als Pioniere für Weinanbau in New South Wales und South Australia. Im Zuge klassenspezifischer, internationalistischer Mobilität kamen Zigarrenarbeiter, die ihre Route Hamburg/Bremen–Kuba–Manila (Philippinen) nur geringfügig ausweiten mussten.

Landwirtschaftliche Siedlerkolonien entstanden seit 1850, und ab 1851 kamen Abenteurer im Zuge des «Goldrausches», in den 1860er Jahren auch nach Neuseeland. In staatlich unterstützter Auswanderung kamen Bergmannsfamilien aus dem Harz – nach Erschöpfung der Silberadern eine Region großer Armut. Die rauschhafte Auswanderung – aber auch die Flexibilität des Transportsystems – zeigt sich daran, dass in nur drei Jahren, 1855 bis 1857, 42 Schiffe mit Auswanderern allein aus Hamburg eintrafen. Queensland warb Migranten mit Landzuweisung und als Arbeiter an; in den 1870er Jahren trafen mehr als 10 000 ein. In den 1880er Jahren begannen sich Vereine, Arbeiterorganisationen und Kirchengemeinden zu bilden sowie, im Zuge nationalistischer Ideologie, ein kurzlebiger Ortsverein des Alldeutschen Verbandes in Sydney. Wie in allen Einwanderungsregionen war «deutsch» ein umfassender Begriff, der Sorben und Böhmen einschloss.

Schon um 1910 beklagte der national denkende deutsche Generalkonsul das Absterben des Deutschtums. Angesichts der deutsch-britischen Konkurrenz in Europa wuchs die angloaustralische Aversion auch gegen naturalisierte Einwanderer deutscher Herkunft. 1914 wurden sie zu *enemy aliens* erklärt, 1918 wurden in Fortsetzung der Kriegshysterie 6000 Menschen des Landes verwiesen, und deutsche Einwanderung blieb bis zur Mitte der 1920er Jahre verboten. Die übrig gebliebene *community* entschied sich Anfang der 1930er Jahre, einen «Bund des Deutschtums» zu etablieren, der sich unter anderem mit Zuschüssen aus dem nationalsozialistischen Deutschland finanzierte. So gerieten deutsch-australisch akkulturierte Männer und Frauen und ihre Kinder in Konflikt mit alldeutschen oder «deutschstämmigen» Richtungen. *Aus*wanderung und Deutsches Reich, zweites oder drittes, waren miteinander verquickt – zum Schaden der Mehrzahl der *Ein*wanderer.

6. Umbrüche und Zwischenbilanz bis 1914/18

Nach Jahrhunderten der Aus- und Einwanderungen, zirkulärer Bewegungen und interner Land-Stadt-Wanderung änderten sich von den 1880er Jahren bis 1914/18 Umfang und Richtungen, Diskurse und Politiken. Männer und Frauen mussten ihre Entscheidungen über Lebensziele und Migration in einem völlig veränderten ideologischen Rahmen, Stadium wirtschaftlicher Entwicklung und nationalstaatlich-gesetzlichen Vorgaben treffen. Politik und öffentliche Meinung erfanden neue Namen, die veränderte Sichtweisen reflektierten: Auswanderer wurden «Deutsche in der Fremde», Zuwanderer «Fremdarbeiter» und, selten erwähnt, «Fremdarbeiterinnen». An diesem Punkt ist es sinnvoll, die Veränderungen für alle Wanderungsrichtungen und -formen gemeinsam zu behandeln und eine Zwischenbilanz zu ziehen. Dabei müssen Neubewertungen und Etikettierungen von Migranten analysiert, politische Instrumentalisierungen bewertet und ihre Auswirkungen auf Wanderungsentscheidungen erläutert werden.

Seit den 1880er Jahren, in manchen Regionen früher, veränderten sich die Bedingungen für alle Formen von Wanderung in der gesamten nordatlantischen Welt:

- Die 1873 beginnende «Lange Wirtschaftskrise» (Gründerkrise) und die weltweite Agrarkrise dauerten bis 1896. Danach nahm der Arbeitskräftebedarf in expandierenden Industrieregionen zu: im Nordosten der USA, in Westeuropa, im Deutschen Reich und im deutschsprachigen Teil des Habsburgerreiches, in einigen Gebieten Osteuropas.
- Die von agrarischen Siedlungswanderern im 19. Jahrhundert erschlossenen großen, fruchtbaren und leicht zu bewirtschaf-

tenden Ebenen Südrusslands, Nordamerikas, Argentiniens und Australiens und die Mechanisierung der Ernte führten zu einem Zusammenbruch der Weltmarktpreise für Getreide, und diese Agrarkrise zwang Millionen von landlosen, kleinbäuerlichen Menschen zur Wanderung. Dies betraf auch Familien mit Hofgrößen, die zur Ernährung ausreichend, aber für Investition in Maschinen zu klein waren.

- Auf der ideologischen Ebene begann in den Staaten der nordatlantischen Welt und Osteuropas eine Phase intensiver Nationalismen, in der *Ein*wanderer ebenso wie Alteingesessene anderer als der neuen nationalen Kulturen als «Minderheiten» zunehmend *aus*grenzt und oft zur *Aus*wanderung gezwungen wurden.
- Rassenideologien, gestützt durch pseudowissenschaftliche Publikationen, bewirkten die Ausgrenzung von Gruppen, die als «undeutsch», als «fremdrassisch» angesehen wurden.

Daraus ergaben sich veränderte Aus- und Einwanderungsregionen sowie veränderte ethnokulturelle Zusammensetzungen von Migranten und neue, für Arbeitsmigranten offene Sektoren der jeweiligen Nationalökonomien.

- Die Auswanderung aus dem Deutschen Reich sank ab 1894 auf ein niedriges Niveau.
- Selbstsegregation früherer Auswanderer in ländlichen Kolonien widersprach den neuen nationalistischen Slogans. Die Nachkommen der Kolonisten sahen sich zur Anpassung oder Weiterwanderung («sekundärer» Migration) gezwungen.
- Die nationalistische Politik führte in Preußen 1885 zur Ausweisung von Arbeitsmigranten polnischer Kultur mit Staatsangehörigkeit in den russischen oder habsburgischen Nachbarimperien.
- In den USA wurden *Ein*wanderungsbegrenzungen/*Aus*schlussmaßnahmen verabschiedet, und in europäischen Ländern begannen Restriktionen zu greifen.
- Mit der Verlagerung der Abwanderungsgebiete seit den 1880er Jahren nach Osteuropa stieg die Transitwanderung durch das Deutsche Reich.
- Der Status als Kolonialmacht, den das Deutsche Reich an-

strebte, erforderte eine Steuerung von Auswanderern in die Kolonien, um dort die Kontrolle Einheimischer und die wirtschaftliche Nutzung/Ausbeutung zu gewährleisten.

– Die Industrialisierung im Deutschen Reich brachte Arbeitskräftebedarf, der nur durch Zuwanderung gedeckt werden konnte.

Im Rahmen des Wandels von Agrar- zu Industriestaaten wurden nach dem Nordosten der USA auch Teile Europas Zuwanderungsstaaten. Durch intensivierte Nahwanderungen erreichten immer mehr Männer und Frauen die expandierenden Städte und Industrieregionen; durch Fernwanderung kamen ländliche Abwanderer in die Fabriken der nordatlantischen Welt. Das Deutsche Reich, die tschechisch- und deutschsprachigen Segmente der Habsburgermonarchie, die Schweiz, Frankreich und die Beneluxregion bildeten gemeinsam mit England und Schottland Europas Arbeitskräfte einführendes Zentrum. Die Peripherie in Europa exportierte irische Männer und Frauen nach England, skandinavische in die Niederlande und nach Deutschland, ost- und südeuropäische in fast alle Importländer. Östlich dieses Gürtels, von Ungarn über die annektierten Gebiete Polens bis Russland, entstanden regionale Industriezentren, die ihren Arbeitskräftebedarf im jeweiligen Umland deckten. Das industrialisierte Europa und Nordamerika wurden vergleichbar in Bezug auf den Bedarf an Zuwanderern für Industriearbeit und saisonale Landarbeit, nicht jedoch in der politischen Gestaltung von Einwanderung.

Obwohl Wirtschaftswissenschaftler für diese Zeit von Nationalökonomien sprachen, war die politische Organisationsform Zentral- und Osteuropas weiterhin die von vielkulturellen Imperien. Laut erstem Bevölkerungszensus des Zarenreiches von 1897 lebten neben einer Vielzahl ethnischer Gruppen in einer Gesamtbevölkerung von 125,5 Millionen 1,8 Millionen «Deutsche», davon 1,2 Millionen im eigentlichen Russland. Juden zählten 5,2 Millionen, weitere 2 Millionen lebten in anderen Teilen Ost- und Ostzentraleuropas. Jeweils um 70 Prozent der Einwohner von Moskau und St. Petersburg waren Zuwanderer. Im Habsburgerreich zählte der Zensus von 1910 nur 24 Prozent der Bevölkerung als «Deutsche», deren nationalistische Elemente als selbst ernannte Nation die übrigen 76 Prozent beherrschten (20 Prozent ungarisch, 13 Prozent tschechisch, 10 Prozent polnisch, daneben sieben weitere Gruppen). Im Deutschen Reich lebten prozentual mehr polnischsprachige Menschen als deutschsprachige in Russland, knapp 4 Prozent in einer Gesamtbevölkerung von 64,9 Millionen (1910). In all diesen nationaldynastisch umgestalteten Vielvölker-Imperien verloren die einst als «nützlich» angeworbenen (oder annektierten) Menschen die Möglichkeit, ihre eigene Sprache und Religion zu praktizieren.

Seit der Französischen Revolution war im Staatsdenken des Bürgertums die jeweils größte ethnische Gruppe mit dem besten Zugang zu staatlichen Institutionen und Ressourcen als Staatsvolk oder Nation herausgehoben worden. Das teilweise anfangs integrative, neue nationale Bewusstsein wandelte sich in ausgrenzenden (chauvinistischen) Nationalismus, von Eric Hobsbawm und Terence Ranger als *invention of tradition* und von Benedict Anderson als *imagined communities* analysiert. Die nationale Identität von Frauen folgte derjenigen von Männern, des Vaters oder Ehemannes; die Arbeiterklassen erhielten, außer der Pflicht zum Militärdienst, nur eingeschränkte politische Beteiligung; anderskulturelle Bevölkerungsgruppen wurden marginalisiert. Die traditionell vorhandene Akzeptanz der *Anderen*, lang angesiedelter oder zugewanderter, als Untertanen wandelte sich zur Ausgrenzung alles *Fremden* als minderwertig. Germanisierung, Russifizierung, Amerikanisierung und andere Nationalismen führten zu Ausschluss. Alteingesessene kleinere Gruppen wie auch mehr oder weniger akkulturierte Zuwanderergruppen wurden durch die Definitionsmacht der Mehrheit zu «Minderheiten» degradiert: «Deutsche» in Russland, «Polen» in Deutschland, «osteuropäische Juden» in Berlin, Paris oder London. In Osteuropa verloren die verschiedenen deutschsprachigen Gruppen ihre Stellung als (eingeschobene) Mittelklassen oder privilegierte bäuerliche Siedler; im Deutschen Reich wurden die polnischsprachigen Bewohner im «Kulturkampf» diskriminiert. Teile der als «Minderheiten» abgestempelten Nachkommen von früheren Einwanderern oder lang sesshafter Gruppen entschieden sich auszuwandern – überwiegend nach Nordamerika, wo sie eine gewisse ethnokulturelle Sonderstellung leben konnten.

Mit der Kriegserklärung der Hohenzollern und Habsburger 1914 wurden alle noch deutsch orientierten Auswanderer in den angegriffenen Staaten zu «feindlichen Ausländern» und die fremden Arbeitsmigranten im Deutschen Reich zu Zwangsverpflichteten (vgl. Kap. 7a).

a) Osteuropa: Eingliederung und sekundäre Wanderung

Unter den vielfältigen Gruppen der Nachfahren deutschsprachiger Einwanderer in Osteuropa, in neuer nationaler Zuschreibung als «Russlanddeutsche», «Ungarndeutsche» oder «Donauschwaben» bezeichnet, führte schon in der Mitte des 19. Jahrhunderts ein Mangel an besiedelbarem Land für die nächste Generation zur Abwanderung in die Städte, wo bessere wirtschaftliche Perspektiven bestanden. Zweitens begannen Menschen, die die neuen Bedingungen nicht akzeptieren wollten, sekundäre Wanderungen ins Deutsche Reich oder nach Nordamerika – aus Ost- wurde Westwanderung. Für alle durch Selbstausgrenzung fremd Gebliebenen bedeutete die Russifizierung und Magyarisierung tiefe Veränderungen, besonders in kulturell gemischten, mehrsprachigen Grenzräumen (*borderlands*); für pazifistische Gruppen wie die Mennoniten bedeutete der Zwang zum Militärdienst in nationalen Armeen eine zusätzliche Unterdrückung. Zwischen 1870 und 1914 wanderten etwa 116 000 «Deutschstämmige» oft mennonitischen Glaubens in die USA und weitere nach Kanada aus.

Ins Deutsche Reich, besonders nach Posen und Westpreußen, kamen von 1888 bis 1914 etwa 22 000 Personen, eine Zahl, die bis in die 1930er Jahre auf geschätzte 200 000 anwuchs. Diese Wanderung ist oft fälschlich als Rückwanderung bezeichnet worden, und viele der Migranten selbst sahen sich als «Deutsche». Mit Ausnahme der erst in der zweiten Hälfte des 19. Jahrhunderts Ausgewanderten waren sie jedoch viele Generationen von ihren Einwanderer-Vorfahren entfernt. Sie kehrten die Wanderungsrichtung um und erreichten entgegen ihrem Mythos vom Deutschtum eine Gesellschaft, die ihnen fremd war und deren Sprache sich völlig verändert hatte (*reverse migration*, nicht *return migration*). Obwohl ihre Zahlen klein waren, wurde ihre Ankunft unter den «Heim-ins-Reich»-Parolen intensiv wahrgenommen – Hilfestellung für die Neueingliederung folgte daraus nicht.

Wanderung in die preußischen Ostgebiete reagierte auf ein rassisch-nationalpolitisches Programm. Ein Ansiedlungsgesetz von 1886 zielte auf Ankauf polnischen Landbesitzes durch «Deutschstämmige». Trotz hochgesteckter Ziele kamen nur etwa 21 700 Familien, zu drei Vierteln aus Deutschland selbst. Weiterhin wurden «russlanddeutsche» Landarbeiter für die ostelbischen Gutsbesitzer angeworben, wiederum um – aus Russland zugewanderte – Polen zu verdrängen. Ein 1909 mit Unterstützung der Regierung gegründeter «Fürsorgeverein für deutsche Rückwanderer» – der sich nicht für USA-Rückkehrer interessierte – rekrutierte vor 1914 rund 26 000 Landarbeiter und weitere 60 000 während des Ersten Weltkrieges.

Neben den «Russlanddeutschen» hatten – schon seit Beginn des 19. Jahrhunderts – die weiterhin jiddischsprachigen Juden Beschränkungen der ihnen zugänglichen Berufe und Bildungsinstitutionen hinnehmen müssen (Kap. 3c). Ihre nur geringe Abwanderung stieg nach der Hungersnot und Choleraepidemie 1869 und sprunghaft ab 1881 infolge antisemitischer Pogrome. Wie die altertümliches Deutsch Sprechenden wanderte die überwiegende Mehrzahl, bis 1914 über 2 Millionen, nach Nordamerika. Ein Teil ging jedoch in deutsche und andere europäische Großstädte oder beendete die geplante Transitwanderung über die deutschen Nordseehäfen vorzeitig im Deutschen Reich. Von 1880 bis 1910 stieg die Zahl ost- und ostmitteleuropäischer Juden – pauschal als «Ostjuden» bezeichnet – von 16 000 auf 70 000 (Trude Maurer). Anders als in England und Frankreich, wo sich die Mehrzahl dieser Zuwanderer in den Hauptstädten ansiedelte, lebte im Reich nur etwa ein Fünftel von ihnen in Berlin, besonders im «Scheunenviertel». In der deutschen Geschichtsschreibung sind diese Migranten geteilt worden in «deutsche Rückkehrer» und unerwünschte «Ostjuden».

Mit Kriegserklärung und Einmarsch deutscher Armeen nach Russland verschlechterte sich die Situation der dort verbliebenen «Deutschstämmigen» massiv, eine Problemlage, die sich in der neuen Sowjetunion besonders während der Kollektivierung der Landwirtschaft und im Stalinismus weiter verschärfte. Von 1917 bis 1922 flohen 120 000 «Deutschstämmige», deren unterschiedliche Konfessionen hinter den gemeinsamen Flüchtlingsstatus zurücktraten, nach Deutschland. Viele von ihnen, besonders die «Wolhyniendeutschen», wurden im Krieg zweifach entwurzelt. Nach Besetzung durch deutsche Truppen begann ihre Umsiedlung, um einen noch zu annektierenden nordöstlichen «Grenzstreifen» zu germanisieren, aus dem die ansässige polnische Bevölkerung deportiert werden sollte. Die Verbliebenen wurden unter erneuter russischer Regierung als Kollaborateure deportiert. Von allen nach 1918 ins Reich Geflüchteten wanderte etwa die Hälfte weiter nach Übersee, meist nach Nordamerika. Einige Tausend kehrten in ihre «Heimatgebiete» in Polen und der Sowjetunion zurück.

Auch Menschen jüdischen Glaubens flüchteten weiterhin, und angesichts von Bürgerkrieg und Hungerkrisen stieg die Auswanderung in den 1920er Jahren. Trotz verstärkter Grenzkontrollen, Razzien in deutschen Städten und pogromartiger Ausschreitungen in Berlin erreichten bis 1921 etwa 70 000 Deutschland. Einige Tausend blieben als akkulturierte Einwanderer; die Mehrzahl wanderte in andere europäische Staaten und die USA weiter; einige strebten mithilfe zionistischer Organisationen nach Palästina. Hunderttausende reisten als Transitwandernde über die Nordseehäfen oder Libau in Ostpreußen aus. In Deutschland blieb die Mehrheit der auch von Deutschen jüdischen Glaubens ausgegrenzten «Ostjuden» angesichts ihrer mitgebrachten russisch-jiddisch-kleinstädtischen «Schtetl»-Kultur eine eigene Gruppe, gegenüber der rassistische Vorurteile zunahmen.

Im Reich blieben die intensiv und gegensätzlich in der zeitgenössischen Politik und Presse diskutierten Flüchtlinge insgesamt weniger als ein halbes Prozent der Gesamtbevölkerung. Parallel stieg mithilfe von Glaubensgenossen in Kanada und den USA die Sowjetunion-Nordamerika-Wanderung «Deutschstämmiger» nach 1918, besonders Kanada war attraktiv. Da sie weder nationalideologisch noch als Flüchtlinge einen Sonderstatus erhielten, gliederten sie sich wie andere Einwanderer ein, konnten ihrer jeweiligen Religion folgen und in ländlichen Gebieten oft auch ihre Sprache erhalten.

b) Rückwanderung aus Nordamerika

Ein Teil der deutschen Arbeiter, die seit den 1870er Jahren die überwiegende Mehrheit der Migranten bildeten, sah ihren Aufenthalt als temporär an. Sie wollten als Lohnarbeiter auf Zeit genug verdienen, um ihre zurückgebliebenen Familien zu unterstützen, um Landbesitz zu erweitern, um eine marginal gewordene Existenz zu sichern oder um sich individuell ein kleines Kapital zu schaffen. Sie waren, in der problematischen modernen Terminologie, nicht Auswanderer, sondern «Gastarbeiter»: Vor 1914 kehrte aus den USA ein Drittel aller europäischen Zuwanderer nach einigen Jahren zurück, für Deutschsprachige wird die Rückwanderung um 1900 auf 15–20 Prozent oder etwa 7–10 000 jährlich geschätzt (Walter Kamphoefner). Die Auswanderer-Einwanderer-Dichotomie im zeitgenössischen Diskurs hat den Blick auf die temporäre Migration verstellt. Dazu trug das nationalistische Identitätskonstrukt bei, das Auswanderung als Verrat an der Nation bzw. Einwanderung als dauerhaften Verbleib in der neuen, besseren Nation sah. Die Rückwanderung war sichtbar: Alle großen deutschen Schifffahrtsgesellschaften warben in der ethnischen Presse der USA für die Rückreise.

Rückkehrer aus Nordamerika, zeitgenössisch widerspruchsvoll und klischeehaft zweigeteilt in Erfolglose und protzende Erfolgreiche, können differenziert dargestellt werden. Erstens gab es in der Tat Menschen, die erfolglos blieben oder das Leben in ihrer neuen Umgebung ablehnten: zu lange Arbeitszeiten, keine

Möglichkeiten, den Sonntag zu genießen, kein den Fähigkeiten entsprechender Arbeitsplatz. Zweitens kamen diejenigen zurück, die ihre wirtschaftliche Position in Deutschland – entweder im Ausgangsort oder in einer größeren Stadt – hatten konsolidieren wollen. Sie sicherten, ökonomisch konservativ, ihre von Veränderungen bedrohte Position in der Ausgangsregion. Drittens kamen Erfolgreiche, die dies sichtbar zeigen wollten und oft ein «Amerikahaus» in ihrer Herkunftsgemeinde bauten. Sie waren konsumorientiert, verbesserten ihren Lebensstandard und ihre soziale Position. Eine vierte Gruppe wollte neu erworbene Fähigkeiten innovativ nutzen durch die Einführung neuer Produktionsformen oder den Ausbau transatlantischer Geschäftskontakte. Einer fünften Gruppe, zurückkehrenden politischen Flüchtlingen wie den Achtundvierzigern oder, später, Sozialisten, war kein Erfolg beschieden. Ihre Versuche, lokale oder gesamtstaatliche Verhältnisse zu demokratisieren, wurden von den etablierten Kräften ver- oder behindert. Schließlich kehrten alte Menschen zurück, die ihr Arbeitsleben in Nordamerika verbracht hatten, aber den Lebensabend – mit ihren Ersparnissen – in der alten Kultur verbringen wollten. Rückwanderung war überwiegend männlich, Frauen waren sich der stärkeren Beschränkungen ihrer Rollen in Deutschland bewusst. Manche kehrten als Witwen, einige mit Kindern, in die Ausgangsfamilie zurück.

Für alle Rückwanderer gilt, dass ein erneuter Eingliederungsprozess notwendig wurde, da die Ausgangsgesellschaft sich während ihrer Abwesenheit verändert hatte. Nach der familiären, ersten Sozialisation und der zweiten, auswanderungsbedingten in der neuen Gesellschaft folgte also eine dritte. Diese war oft unerwartet: Bei der Auswanderung war die Notwendigkeit einer Anpassung selbstverständlich, bei der Rückkehr fehlte jedoch oft ein Bewusstsein, dass die Ausgangskultur seit Abreise nicht statisch geblieben war.

Der Kriegsbeginn 1914 bestätigte für manche Amerikawanderer die Richtigkeit ihres Entschlusses: Seit den Kriegen gegen Dänemark und Frankreich hatten Männer das Reich verlassen, weil sie weder individuell als Soldaten dienen noch als Bürger den militaristischen Staat stützen wollten. Selbst junge Leute, die ihre Rückkehr planten, terminierten ihre Ausreise so, dass sie vor dem Einberufungsbefehl abreisten und als naturalisierte US-Bürger zurückkamen. Sie glaubten sich fälschlich frei von weiterer Dienstpflicht: Die deutschen Regierungen hatten schon 1868 mit den USA ein Abkommen (Bancroft-Vertrag) geschlossen, das die gegenseitige Anerkennung von Naturalisierung regelte, jedoch Rückkehrer zum nachträglichen Militärdienst verpflichtete.

1914 waren in den USA und Kanada nur kleine Gruppen von nationalistischen Einwanderern zu lautstarker Unterstützung des Kaiserreiches bereit. Diese schadete den Deutschamerikanern insgesamt weit mehr, als sie dem Reich nützte. Interniert wurde in den USA nur eine relativ kleine Gruppe. In Kanada sahen sich Menschen deutscher Herkunft Diskriminierungen ausgesetzt. Weit schwieriger war die Situation für in den Vorkriegsjahren aus Südosteuropa eingewanderte Untertanen des Habsburgerreiches. Obwohl ihre zurückgebliebenen Landsleute die Unabhängigkeit von den alten Imperien erreichen wollten, galten sie den kanadischen Behörden als Feindstaatenangehörige, und besonders Ukrainer wurden interniert. Krieg unterbricht Akkulturation.

c) Koloniale Expansion und Auswanderungspolitik

Parallel zu den kontinentalen Expansionsplänen begannen die politischen und wirtschaftlichen Eliten des Deutschen Reiches mit Gründung des Kolonialvereins (1882) und des Alldeutschen Verbandes (1891) Kolonialbesitz anzustreben: Aufteilung Afrikas, Beteiligung an der Kriegsführung in China, Kanonenboote vor Marokko und «Erwerb» von Inseln in der «Südsee». Soldaten und Kolonialbeamte wurden entsandt; Institute zur Ausbildung für den Kolonialdienst gegründet; Missionare – Männer und Frauen – wanderten, oft dauerhaft, in die neuen Herrschaftsgebiete.

Um die Kolonien profitabel zu machen, nötigte das Reich Siedler und Kaufleute, sich dort anzusiedeln. Die Entscheidung, die eigene Arbeitskraft und Lebensperspektive oder, im Fall von Kaufleuten und Unternehmern, Kapital zu investieren, setzt jedoch die individuelle Berechnung von Erfolgschancen voraus. Erstens versprachen bekannte Migrationsziele sicherere Ergebnisse als das auf nationalistischen Träumen aufgebaute Kolonialreich. Zweitens war die Auswanderung von Bauern und Arbeitern immer auch Kritik an den bestehenden politisch-gesellschaftlichen Verhältnissen: Da es dem «Heimat»-Staat schon zu Hause nicht gelang, akzeptable Bedingungen zu schaffen, wurden Versprechungen eines besseren Lebens in den Kolonien mit großer Skepsis gehört. Entsprechend zählten 1914, drei Jahrzehnte nach ihrer Akquisition, alle Kolonien zusammen nur rund 18 600 Deutsche, Beamte und Soldaten eingeschlossen. In diesen 30 Jahren wanderten brutto knapp 1,5 Millionen Deutsche entlang bekannter Routen zu Erfolg versprechenden Zielen. Ihre Kalkulation vermied unbekannte Größen wie Ruhm der Nation oder zivilisatorische Mission. So schlug die koloniale Siedlungspolitik völlig fehl.

d) Transitwanderung bis 1914

Das Wirtschaftswachstum in Nordamerika seit den 1880er Jahren und die damit verbundene Ausweitung der Arbeitsmärkte machten Deutschland mit seinen Nordseehäfen zum Transitland für Menschen aus den neuen Abwanderungsregionen in Osteuropa. Schon seit den 1830er Jahren hatten die Senate der Hafenstädte die Durchreise auswandernder Männer und Frauen reguliert. Motiviert waren sie einerseits von der Angst, die Armutswanderer könnten städtischen Fürsorgekassen zur Last fallen, wenn sie durch skrupellose Geschäftsleute um ihre Mittel gebracht und so an der Weiterreise gehindert würden. Besonders in Bremen, dessen Regelwerk beispielhaft war, waren aber ökonomische Interessen entscheidend. Die Seewirtschaft der Stadt war von der Auswandererbeförderung abhängig, und mit einem Schutz für Migranten sollte erreicht werden, dass sie Bremen mit dem Einschiffungsort Bremerhaven als besten Ausreiseort weiterempfahlen. In den 1850er Jahren wurden Mindeststandards für Beherbergung und Verköstigung der Durchreisenden festgelegt. Sie mussten in jedem Quartier sichtbar ausgehängt werden, und ihre Einhaltung wurde kontrolliert.

Ab Mitte der 1880er Jahre wurde die osteuropäische Transitwanderung die Hauptgrundlage des Geschäfts. Nach 1880 reisten jährlich mehr als 100 000 Menschen durch die Nordseehäfen, in den Spitzenjahren 1907 und 1913 je etwa 235 000, durch Bremen allein insgesamt 4 Millionen. Die Reedereien, am bekanntesten die Agentur Missler für den Norddeutschen Lloyd, organisierten alles. Auswanderer in osteuropäischen Dörfern konnten – wie ab den 1850er Jahren solche aus dem Hessischen – ihre gesamte Reise lokal von einem Agenten, oft einem schriftkundigen Händler oder Prediger, kaufen: Eisenbahnfahrt bis nach Bremen, in Umsteigebahnhöfen waren Angestellte der «Reisebüros» behilflich; gemäß senatsseitiger Anordnung maximaler Aufenthalt bis zur Einschiffung drei Tage; Unterbringung in Herbergen zahlloser Kleinunternehmer, die der öffentlichen Inspektion unterlagen, oder in den 1907 eröffneten Auswandererhallen. Osteuropäische Auswanderer jüdischen Glaubens erhielten koschere Nahrung – es war durchaus möglich, auf religiöse Differenz im Alltagsleben einzugehen. Dass sich der Senat auch nationalistischer Ideologie bewusst war, zeigte sich, als während eines Besuches des Kaisers die Durchwanderer in den Herbergen bleiben mussten. Das sichtbar Fremde wurde dem Blick entzogen.

Die Transportgutscheine, unter dem Namen «Schiffskarte» in viele osteuropäische Sprachen eingegangen, wurden oft als *prepaid tickets* von früher ausgewanderten Verwandten und Bekannten bezahlt. Ihr letzter Teil konnte nach Ankunft – in den USA ab 1892 die Einwandererstation Ellis Island, in Kanada seit Mitte des Jahrhunderts Montreal – in Bahnfahrkarten zum Zielort umgetauscht werden. Dies hat weder in deutschen Häfen noch in New York Betrügereien verhindern können, hat die Reise aber insgesamt relativ einfach gemacht. Im Durchschnitt kehrte jeder achte Passagier von einem Familienbesuch nach Nordamerika zurück, konnte also Erfahrungen weitergeben und Hilfestellung bieten. Frauen, aber auch Männer, reisten in

Gruppen, um sich gegenseitig zu unterstützen. Für unverheiratete Frauen wurde in den 1890er Jahren die Einreise schwieriger, da eine Welle bürgerlich-moralischer Hysterie in ihnen Prostituierte (*white slaves*) vermutete. Sie mussten sich oft erniedrigenden Befragungen unterziehen.

Die Organisation Abreise-bis-Ankunft war möglich, weil nicht «Deutsche» oder «Osteuropäer» nach «Amerika» wanderten, sondern weil Männer und Frauen aus spezifischen Ausgangsorten über Kettenwanderung vorausgewanderte Familienmitglieder oder Bekannte erreichen wollten. Um 1910 waren dies 94 Prozent aller in die USA Einreisenden. Sie benötigten die Hilfe von Verwandten unter anderem, um schnell einen Job zu finden – die durchschnittlichen Mittel der «reichsten» Ankömmlinge, der Deutschen, betrugen 41 Dollar, die der ärmsten, russischer Juden, 12 Dollar. Für die amerikanische Wirtschaft war Kettenwanderung sinnvoll, weil sie Rekrutierungskosten sparte: Sowie ein Arbeitsplatz zu besetzen war, schrieben Einwanderer nach Hause, und wenig später traf die Arbeitskraft ein. Ohne Einwanderung und Migranteninitiative hätte die amerikanische Wirtschaft nicht so schnell wachsen können.

Im Rahmen dieses insgesamt positiven Befundes muss jedoch auch auf rassistische Diskriminierungen eingegangen werden. Als es 1892 in Hamburg angesichts miserabler sanitärer Verhältnisse zu einer Choleraepidemie kam, wurden russische und russisch-jüdische Migranten beschuldigt, die Krankheit eingeschleppt zu haben. Die Reichsregierung schloss daraufhin die Grenzen, aber die Reedereien, die auf die Einnahmen des Auswanderungsgeschäftes angewiesen waren, intervenierten. Die Regierung gab nach, doch mussten Transitwanderer an den Übergängen der deutsch-russischen Grenze vielleicht sinnvolle, aber in der Form entwürdigende medizinische Kontrollen durchlaufen: Vollständig entkleidet mussten sie eine Desinfektion von Person, Kleidung und Gepäck über sich ergehen lassen, ohne dass das Personal Kenntnisse osteuropäischer Sprachen besaß. Massenabfertigung machte die Reise für Menschen, die vorher ihren Geburtsort noch nie verlassen hatten, einfach, doch nicht problemlos.

e) Vom Auswanderungsland über interne Wanderung zum «Arbeitskräfteeinfuhrland»

Im Rahmen der Industrialisierung und Urbanisierung Deutschlands entwickelte sich eine intensive Land-Stadt-Wanderung. In den meisten größeren Industriestädten lag der Zuwandereranteil bei weit über 50 Prozent. Nach Berlin kamen besonders deutschsprachige Schlesier, und die interne Ost-West-Wanderung brachte Reichsbürger polnischer Sprache aus den Annexionsgebieten an die Ruhr. Während vor 1893 noch Millionen Menschen auswanderten und damit Kritik an Arbeitsbedingungen und gesellschaftlichen Verhältnissen übten, begann in einigen Regionen bereits eine Arbeitskräfteverknappung.

Die Auswanderung und interne Westwanderung von Männern und Frauen aus den ostelbischen Agrargebieten seit den 1850er Jahren – als sie zur Heirat noch den Konsens von Gutsherren brauchten – resultierte in «Leutenot», die durch Anwerbung von Polen aus dem russischen Annexionsgebiet ausgeglichen werden sollte. In einer kurzen nationalistischen Geste wies die Regierung, im Kulturkampf gegen polnische Katholiken oder katholische Polen, 1885 30–32 000 russische und habsburgische Polen und Juden aus, überwiegend ländliche Arbeiter, aber auch Handwerker und Kaufleute. Angesichts des Arbeitskräftebedarfs und der Macht der Junker im Reichstag wurden die Grenzen schnell wieder geöffnet. 1890 kamen bereits 433 000 Arbeiter, davon mehr als die Hälfte Frauen, denen verboten war, ihre Kinder mitzubringen. Im Rahmen der preußischen Polenpolitik als «Wanderarbeiter» klassifiziert, durften sie nur saisonal einreisen. 1907 wurde mit der Übertragung der Kontrolle auf die Deutsche Feldarbeiterzentrale das System zementiert: Legitimationszwang durch Einreisebegrenzung und die Pflicht, eine Ausweiskarte bei sich zu führen; Arbeitszwang durch das Verbot, den Arbeitgeber zu wechseln; und Rückkehrzwang nach Ende der Erntezeit, sowohl um Akkulturation zu verhindern wie um die Großagrarier von Lohnkosten im Winter zu befreien. Deutschland wurde nicht Einwanderungsland, sondern Arbeitskräfteeinfuhrland (Klaus J. Bade).

Auch Industrieunternehmen warben polnische Arbeiter an und setzten wegen der notwendigen Anlernzeit eine mehrjährige Aufenthaltserlaubnis durch. Für die Bergwerke und Hütten des Ruhrgebietes wurden oft zweisprachige Arbeiter, viele von ihnen gelernte Bergarbeiter, aus Posen, Schlesien und Ostpreußen («Reichspolen») und aus den russischen und Habsburger Annexionsgebieten («Auslandspolen») rekrutiert. Aus Letzteren kamen bis 1914 etwa 400 000 katholische Polen und 100 000 Altpolnisch sprechende, evangelische Masuren. Für viele war die Migration von Dauer, Familienmitglieder wurden nachgeholt, Ehen geschlossen. Zu einem Sockel von langfristig Anwesenden kamen jährlich zwischen 450 000 und 550 000 Zeitarbeitskräfte hinzu. Nach der Russischen Revolution von 1905 wurde die Zuwanderung russischer Juden eingeschränkt.

Auch aus anderen Nachbarstaaten kamen Arbeiter: Laut Zensus von 1907 hielten sich im Reich 340 000 Deutsch, Polnisch und Ruthenisch sprechende Menschen aus Österreich-Ungarn auf, 201 000 Russen, Baltendeutsche, Polen und Litauer aus dem Zarenreich, 126 000 Italiener (besonders in Süddeutschland), 52 000 Niederländer, 27 000 Schweizer, je ca. 10 000 Dänen und Franzosen sowie eine geringere Anzahl aus fünf anderen Staaten. Zwischen 1910 und 1914 waren jährlich 1,2–1,3 Millionen fremde Arbeitskräfte im Land. Nach 1900 war das Deutsche Reich, in absoluten Zahlen, der größte Arbeitskräfteimporteur nach den USA.

Die Praxis des Reiches war in der atlantischen Welt ein Extremfall: Arbeitskräfteeinfuhr unter einer Politik rigoroser Ablehnung von Einwanderung. Interventionen der österreichischen, ungarischen und russischen Regierungen, um den Status ihrer Staatsangehörigen zu verbessern, wurden von der Reichsregierung zurückgewiesen. Angesichts der intensiven religiösen und kulturellen Kontrolle und Diskriminierung wanderten von den «Ruhrpolen» nach 1918 rund 200 000 in belgische Bergwerksgebiete weiter, wo die kulturelle Akzeptanz höher war – eine «Abstimmung mit den Füßen», wie sie bis 1893 deutsche Nordamerikawanderer praktiziert hatten.

Mit der Kriegserklärung im August 1914 wurde den Saisonarbeitern die Rückkehr verboten, sie wurden, als «feindliche Ausländer» eingestuft, zu Zwangsarbeitern. Nur österreichisch-ungarische Männer durften zum Militärdienst zurückkehren. Bei Kriegsende arbeitete rund eine Million Zivilarbeitskräfte – neben den dienstverpflichteten Kriegsgefangenen – für die Kriegsproduktion.

In der Terminologie der Vorkriegsjahrzehnte kann zusammenfassend formuliert werden, dass in dieser Hochphase nationalchauvinistischen Denkens das nationale Kapital nicht bereit war, die deutschsprachige Arbeiterklasse (ohne volles Wahlrecht, also ohne vollberechtigte Mitgliedschaft) durch verbesserte Arbeitsbedingungen in der Nation zu halten. Viele Industrieunternehmer zogen billigere Fremdkulturelle vor. Die deutschnationale politische Elite akzeptierte und unterstützte diese profitträchtige Arbeitskräftepolitik. Der wirtschaftlichen Elite, ob ostelbische Großgrundbesitzer oder Industrielle im Ruhrgebiet, war deutlich, dass die östlich an das Deutsche Reich von 1871 angrenzenden Gebiete ein Arbeitskräftereservoir darstellten, und so vertrat 1914 die politische Elite als Kriegsziel die permanente Annexion der Region. Die scheinbar nationalen Eliten strebten einen hierarchisierten Mehrvölkerstaat an.

Die Hierarchie nach Klassen war Auswanderern immer deutlich gewesen. Schon in der Zeit der Revolution 1848/49 war eine Karikatur erschienen, die einen wohlgenährten Amtmann zeigt, bequem auf einem fast thronartigen Sessel sitzend. Er fragt eine Gruppe vor ihm stehender, abgemagerter Auswanderungswilliger, die um den Ausreisekonsens nachsuchen: «Gibt es denn keine Möglichkeit, Euch hier zu halten?» Aus den hinteren Reihen kommt die Antwort: «Wenn Sie abreisen würden, könnten wir vielleicht bleiben.» Die sozialen und politischen Strukturen blieben erhalten, aber unter den wirtschaftlichen Veränderungen wurde Deutschland vom Auswanderungs- zum Arbeitskräfteeinfuhrland. An diese Tradition knüpfte in den 1950er Jahren das Rotationskonzept für «Gastarbeit» oder «ausländische Arbeitnehmer» an.

f) Instrumentalisierung: «Auslandsdeutsche» und «Grenzdeutsche» als Brückenköpfe

Das Deutsche Reich hatte während der gesamten Zeit der Massenauswanderung kein Auswanderungsgesetz verabschiedet, es folgte erst nach deren Ende 1897. Parallel begann – neben der gegen «Fremdarbeiter» gerichteten Germanisierungspolitik – in Rhetorik und Außenpolitik eine «Eindeutschung» der Nachkommen von oft vor vielen Generationen Ausgewanderten. Der kleindeutschen Lösung bei der Einheit des deutschsprachigen Zentraleuropa folgte so eine großdeutsche Annektierung der Auswanderer und ihrer Nachkommen: Sie wurden zu weltweit angesiedelten «Auslandsdeutschen» stilisiert und instrumentalisiert. Im Reichstag wurde angeregt, jungen auslandsdeutschen Männern den Dienst in der deutschen Armee zu ermöglichen, um so ihre Bindung an «die Heimat» zu stärken. Im Rahmen der Konstruktion und Instrumentalisierung durch das Deutsche Reich wurden Forschungsinstitute gegründet, die sich mit Wirtschaft, Gesellschaft und Politik der östlichen Nachbarn und Ausdehnungsgebiete befassen sollten und angewandte Wissenschaft in staatlichem Interesse betrieben.

Infolge dieser Politik begannen Aufnahmestaaten, Einwanderer deutscher Herkunft nicht nur unter Nationalisierungskampagnen als kulturell Fremde zu sehen, sondern auch als Gefahrenpotenzial. Sie fürchteten deren reale Instrumentalisierung durch das Reich. Die brasilianische Regierung stellte die Förderung deutscher Einwanderung ein, da sie einen Staat im Staate fürchtete, und schickte nichtdeutsche Einwanderer in Gebiete, in denen der deutsche Anteil hoch war. Nationalistische Sprecher der Ausgewanderten verlangten ihrerseits den Schutz ihres «Deutschtums» – das die weit zurückliegende Zeit der Abreise widerspiegelte – durch das Reich und forderten so zur Intervention auf. Während sich in urbanen Kontexten die Nachfahren der Auswanderer akkulturiert hatten, wurden besonders die landwirtschaftlichen Kolonisten Objekte eines Dreiecks von Macht- und Identitätskonstellationen: Als «Auslandsdeutsche» sollten sie Brückenköpfe für die Interessen des Deutschen Reiches sein; selbst sahen sich die nationalistischen Teile als «Deutsche» in anderen Staaten; die Regierungen vieler Einwanderungsstaaten gliederten sie so aus, wie Polen im Reich ausgegliedert wurden. In Nordamerika entwickelten sich die Einwanderer aus einer ethnischen Gruppe zu weitgehend akkulturierten Bürgern und Bürgerinnen. In Ostzentral-, Ost- und Südosteuropa wurden sie von privilegierten eingeschobenen, urbanen Mittelklassen zu Teilen vielkultureller, zunehmend nationalisierter Stadtbevölkerungen oder, in bäuerlichen Enklaven, zu Opponenten gesetzlicher Eingliederung und notwendiger Akkulturation.

Am Ende des aggressiv betriebenen, aber verlorenen Krieges von 1914–18 führten die Staatlichkeit Polens und die Abtrennung von gemischt besiedelten Gebieten mit deutschsprachigen Teilbevölkerungen zu einer weiteren nationalistischen Konstruktion. Menschen deutscher Sprache und Staatsangehörigkeit, über deren Köpfe hinweg Grenzen verschoben worden waren, wurde die Möglichkeit einer «Repatriierung» geboten, obwohl «Heimat» der Geburtsort war und nur das «Vaterland» sich infolge seiner fehlgeschlagenen militärischen Expansionspolitik verändert hatte. Diejenigen, die nicht «heim in die Weimarer Republik» kamen, wurden als «Grenzdeutsche» instrumentalisiert: Ihre Gebiete müssten in das – kurzfristig – demokratische Deutschland zurückgeholt werden. Wissenschaftler mit nationalistischen Intentionen begannen ab 1933, ein vielbändiges ‹Handbuch des Grenz- und Auslandsdeutschtums› zusammenzustellen, das aber 1938, nach Erscheinen des dritten Bandes, mit dem nächsten von deutschem Boden ausgehenden Weltkrieg ein vorzeitiges Ende fand.

g) Rückschau und Zwischenbilanz: Deutsche Diaspora?

Menschen unterschiedlicher deutscher Dialekte und regionaler Kulturen, die über rund 1000 Jahre auswanderten, wurden um 1900 im Zuge der Nationalisierung des Denkens und der Konstruktion einer Meistererzählung vereinheitlicht zu «deutschen»

Auswanderern. Analytisch ist zu fragen, ob über die Jahrhunderte eine fast weltweite deutsche Diaspora entstanden war. Das Konzept «Diaspora» setzt kontinuierliche und aktive Verbindungen zur Ausgangsregion und Kontakte zwischen Migranten in den vielen Zuwanderungsgebieten voraus. Eine Antwort muss soziale und kulturelle Vielfalt, Dialekt- und Soziolektvarianten, Zeitpunkte der Abwanderung und gesellschaftliche Kontexte in der Einwanderungsregion einbeziehen.

Für die ostwärts Gewanderten und ihre Nachkommen ergibt sich ein komplexes Bild: (1) In den nordöstlichen baltischen Gebieten entstand eine urbane Kultur mit kulturellem Gruppenverständnis, die über Jahrhunderte Bestand hatte. (2) Den in die Städte des Zarenreiches zugewanderten deutschsprachigen Staatsangestellten, Handwerkern, Kaufleuten und Unternehmern war Urbanität gemeinsam, jedoch kein Gruppenbewusstsein. (3) Die Siedler in den agrarischen Kolonien Südrusslands waren gespalten in protestantische, katholische und mennonitische Konfession und differenzierten sich über die Generationen. In Südosteuropa begann die Ansiedlung (4) mit der Wanderung nach Siebenbürgen, gefolgt (5) von derjenigen in die Karpatenregion und (6) in die Donauregion. Eine integrierte balkandeutsche Kultur entstand nicht. Auf diese sich über acht Jahrhunderte erstreckenden Wanderungen folgten im 19. Jahrhundert (7) urbane und vereinzelte agrarische Wanderungen zu kleinen Regionen innerhalb des Großraums. Nur geografisch lässt sich ein Siedlungsbogen vom Baltikum über die Wolgaregion bis in den Balkan erkennen. Kulturelle Einheit und diasporische Verbundenheit waren weder intendiert noch möglich.

Die zweite Großregion, Nordamerika, ist anfangs der ostwärts gerichteten Migration vergleichbar: Abwanderung aus religiösen Gründen, wegen Kriegsverwüstungen und Armut. Die Einwanderer differenzierten sich jedoch. Um 1900 bestanden religiös-agrarische Gemeinden in Pennsylvanien, landwirtschaftliche in Wisconsin und Minnesota, urbane *communities* in vielen nordöstlichen Großstädten mit Klassenschichtung und geschlechtsspezifischen Kulturen, kleinere *communities* in Texas, Missouri und San Francisco. Überlagert wurde die Vielfalt durch askribierte und gelegentlich praktizierte Gemeinsamkeit: Die *German-Americans* ließen sich auf einen Akkulturationsprozess ein, wenn auch manchmal widerwillig. Denn als ethnokulturelle Gruppe konnten sie im demokratischen Staat ihre Interessen vertreten. Die Entwicklung in Kanada war komplexer, weil sich dort politische Aktion regional artikulierte und weil die deutschsprachigen Einwanderer heterogener waren und verstreut siedelten. Sie bildeten einen *chorus of different voices* (Angelika Sauer).

Der Befund für Südamerika zeigt eine Trennung in ländliche Siedler, städtische handwerkliche Schichten und transatlantisch aktive Kaufleute, aufgeteilt in vier Staaten. Lediglich konservative Kreise der Migranten und, aus wirtschaftlichen und militärischen Interessen, das zweite und dritte Deutsche Reich konstruierten ein iberoamerikanisches Deutschtum, zeitweise mithilfe des Ibero-Amerikanischen Instituts an der Universität Berlin. Gleiches gilt für Australien – nur der vereinfachende Blick aus der Ferne, aus Deutschland, kann die kleine, aber sozial und geografisch vielfältige Einwanderung als «Deutsche in Australien» zusammenfassen.

In allen Zielregionen blieben die Migranten bei ihrer Ankunft schichten-, regions- und periodenspezifisch so unterschiedlich wie bei der Auswanderung. Kontinuierliche Kontakte zwischen nord- und südamerikanischen Siedlungszentren oder gar zwischen in Nordamerika und Osteuropa siedelnden Auswanderern und ihren Nachfahren sind nicht nachzuweisen. So lassen sich nur geografisch zwei große Ansiedlungsregionen festhalten, Ostzentral-, Südost- und Osteuropa und die Amerikas mit Siedlungsinseln in anderen Weltteilen. Die einzige Ausnahme bilden die Mennoniten. Durch Verfolgungen, eigene Lebensformen, durch den Aufbau immer weiterer Ablegerkolonien angesichts hoher Kinderzahlen und trotz interner, dogmatischer Differenzen zeigen sie bis in die Gegenwart einen gewissen Zusammenhalt. Die enzyklopädischen Nachschlagewerke zu ethnokulturellen Gruppen in den USA und Kanada trennen insofern mit Recht zwischen Deutschen, Österreichern, Schweizern, Amischen, Mennoniten und Hutterern.

Oft sahen sich eingewanderte Männer und Frauen schon früh der Kritik Einheimischer ausgesetzt, die Baltendeutschen wegen ihrer Privilegien, die südrussischen Kolonisten wegen ihrer Überzeugung, dass sie kulturell überlegen seien, die *German-Americans* in den 1840er Jahren durch eine «nativistische» Bewegung. Für Letztere begann eine Aufwertung mit Beginn der Zuwanderung von als «dunkel» bezeichneten Osteuropäern und als «olivfarben» bezeichneten Südeuropäern und durch eine kurze Phase gegenseitiger Bewunderung zwischen Präsident Theodore Roosevelt und Kaiser Wilhelm II. An der Universität Harvard wurde ein Museum of Germanic Culture eingerichtet und an der Universität Berlin eine Gastprofessur für Amerikastudien. Parallel begann im Zarenreich eine Aufhebung der Sonderstellungen: Die Wolga- und Schwarzmeerkolonien wurden 1871 der allgemeinen Verwaltung unterstellt, aber zu noch überwiegend deutschsprachigen Gemeinden zusammengefasst. Die Aufhebung der Befreiung vom Militärdienst 1874 bedeutete besonders für die pazifistischen Mennoniten eine einschneidende Veränderung. Zu diesem Zeitpunkt hatten die Einwanderer durch die Interaktion mit benachbarten Gruppen eine Teilakkulturation durchlaufen, junge Leute begannen in Städte abzuwandern und so Teil der russischen Gesellschaft zu werden. In Südosteuropa, besonders Ungarn, führten Magyarisierung und die Habsburger Variante der Germanisierung zu Spannungen. Die jetzt pauschal als «Ungarndeutsche» Bezeichneten entschieden sich in den Städten zur Akkulturation, das heißt zur Magyarisierung. Kleinere Teile der ländlichen «Donauschwaben» entschieden sich für die Weiterwanderung nach Nordamerika oder Brasilien.

Die tiefen kulturellen Differenzen unter den summarisch als «Auslandsdeutsche» bezeichneten Menschen lassen sich durch zwei Beispiele illustrieren. Ein junger Wolhynien-Deutscher kam zur Ausbildung als Pastor nach Hannover. Bei Ankunft fühlte er sich deutsch, wurde jedoch als Fremder wahrgenommen. Sein Dialekt war altertümlich, «sie korrigierten jedes Wort, das man sprach, und behaupteten, es sei falsch». Bei Kriegsbeginn 1914 unterlag er als russischer Bürger der polizeilichen Meldepflicht und wurde zur Arbeit kommandiert. Die Ausbildung der aus seiner Sicht anderen «deutschen» jungen Männer aus Australien, Afrika, Polen und anderswo, die als Pastoren zurückkehren wollten, wurde unterbrochen, alle wurden Zwangsarbeiter. Etwa zur gleichen Zeit kam ein ausgewanderter österreichischer Sozialist nach Cleveland, Ohio. Als Herausgeber der dortigen Arbeiterzeitung sah er sich mit «deutscher» Vielfalt konfrontiert. Die aus dem Reich gekommenen Arbeiter erschienen ihm assimiliert und bürgerlich. Die Proletarier, die die Zeitung ansprach und auf die diese Langansässigen herabschauten, waren kürzlich eingewanderte Deutsche aus Österreich, Ungarn, den baltischen Gebieten, aus Syrien und anderswo. Angesichts ihrer unterschiedlichen Dialekte musste der Redakteur ein einfaches, aus nur etwa 850 Wörtern bestehendes Deutsch, vergleichbar dem *basic English*, verwenden.

Parallel zur Erfindung der einheitlichen «Auslandsdeutschen» und ihrer Rolle in der Welt wurde die Leistung von Einwanderern in deutschsprachigen Gebieten aus der breiten historischen Erinnerung ausgelöscht. In der nationalen Meistererzählung – wie in Schulen vermittelt – werden weder die Afrikaner, die mit Friedrich II. nach Norddeutschland gekommen waren, erwähnt noch die italienischen Baumeister und Künstler, die Residenzen und Kirchen gebaut hatten, noch die sephardischen Juden, die Hamburgs Lateinamerika-Handel aufbauten, noch der niederländische Wasserbauingenieur und die polnischen Arbeiter, die ab 1826 Bremerhaven als Auswandererhafen planten und bauten. Nur vereinzelte Zeichen blieben erhalten: der französische (hugenottische) Dom in Berlin, Porträts von Fürsten mit Begleitern afrikanischer Herkunft, Straßennamen wie die «Türkenstraße» in Berlin.

Während weiße Deutsche als Kolonisten nach Afrika auswandern sollten, wurden schwarze Afrikaner als Primitive in Völkerschauen wie in Hagenbecks Zoo in Hamburg gezeigt oder als einfache, glückliche Naturmenschen in der Werbung für «Kolonialwaren». Der «Sarotti-Neger» stand symbolisch für die Abwertung und Instrumentalisierung des Fremden. In Heinrich Hoffmanns ‹Geschichte von den schwarzen Buben› im

‹Struwwelpeter› (1845, 1847) wurden diese jedoch bestraft, weil sie sich über einen «Mohr» lustig gemacht hatten. Die Konstruktionen von «Auslandsdeutschen», «Kolonialnegern» und «Fremdarbeitern» waren eng miteinander verknüpft und entsprachen reichspolitischen Interessenlagen.

Auswanderer und ihre Nachkommen selbst trafen andere Entscheidungen. Nachdem sie erlebt hatten, dass während des Horrors des Ersten Weltkrieges *Germany* synonym wurde mit Kaiser, Chauvinismus und Angriffskrieg, wählten sie eine andere kulturelle Zugehörigkeit. Als in den USA 1920 und in Kanada 1921 die Zensusdaten erhoben wurden, sank, ob aus politischer Überzeugung oder praktischen Erwägungen, die Zahl derer, die als ethnische Herkunft «deutsch» angaben, massiv. Gleichzeitig stieg die Zahl derjenigen, die *Dutch* – in Kultur und Wortlaut ähnlich – angaben, um ein Vielfaches. Das Reichsprojekt, ein einheitliches Auslandsdeutschtum zu schaffen, hätte deutlicher nicht zurückgewiesen werden können.

7. Deutsche Wanderungen, 1914 bis 1955

Migrationsgeschichte in der Kriegszeit, Zwischenkriegszeit, zweiter Kriegszeit und Nachkriegszeit ist eine Sequenz von Flüchtlingen, Auswanderern, Fremdarbeitern, Flüchtlingen, Zwangsarbeitern, Flüchtlingen. Ethnopolitisch schlossen die Kriegsziele die Ausdehnung deutscher Herrschaft und Siedlung über die als rassisch minderwertig bezeichneten osteuropäischen Völker ein, die als Arbeitssklaven dienen sollten. Zu diesem Zweck wurden Umsiedlungen ungeheuren Ausmaßes geplant. Europas dynastisch-nationale Regierungen hatten seit Beginn der Balkankrise 1875 und seit Auflösung des vielkulturellen Osmanischen Reiches eine «Entmischung» von Völkern begonnen. Nationalismus implizierte, «dass bestimmte Menschen zu Feinden der Nation erklärt» und in Massen deportiert wurden (Michael Marrus). Die «enorme Gewalt des Nationalstaates (...) spannte jegliche Neuerung in Verwaltung und Industrie in den Dienst ihres destruktiven Unternehmens ein». Im Krieg und unter Rassenideologien lernten «die neuen Herren» – die Geschlechtsspezifik ist beabsichtigt – in noch größerem Maße, «unerwünschte oder bedrohliche Gruppen zu vertreiben» (Marrus 61). Diese Politik machte Europa in der ersten Hälfte des 20. Jahrhunderts weltweit zur destruktivsten Flüchtlinge generierenden Region. Dabei übernahm Deutschland in seinen vielfältigen Regime-Inkarnationen die Führung. Nur die japanische Aggression in Asien ab 1937 übertraf die europäischen Vertreibungen (Stephen MacKinnon). Im Folgenden werden die zeitgenössischen, ideologisch belasteten Bezeichnungen für (Zwangs-) Migranten verwendet, um Konnotationen, Ausgrenzungen und Instrumentalisierungen zu reflektieren.

a) Weltkrieg und Weimarer Republik

Vom August 1914 bis zum Kriegsende 1918 stieg die Zahl der als Zwangsarbeiter festgehaltenen Ausländer: mehr als 500 000 «Auslandspolen», 30 000 «Ostjuden», 280 000 zwangsrekrutierte oder unter dem Druck von Arbeitslosigkeit und schlechter Versorgungslage gekommene Belgier sowie 60 000 «Russlanddeutsche» und andere Ausländer. Hinzu kamen 1,5 Millionen Kriegsgefangene. Diese 2,5 Millionen machten ein Siebtel aller Arbeitenden aus. Nur durch diese *internationalisierte* Arbeiterschaft konnten die *national*imperialen Kriegsanstrengungen aufrechterhalten werden. Die Anwendung militärischen Zwanges zur Massenrekrutierung von Arbeitskräften im zweiten Deutschen Reich bedeutete einen «Lernprozess» für diejenigen Verwalter von Arbeitskraft, die im dritten Deutschen Reich den nationalsozialistischen «Ausländereinsatz» des nächsten Weltkrieges organisieren würden (Ulrich Herbert).

Der Vertrag von Versailles verschob Grenzen über seit Generationen ansässige Menschen. Angesichts der jahrhundertelangen Migrationen und der Mischsiedlung in Zentraleuropa war eine Grenzziehung, die ethnokulturelle Gruppen klar voneinander trennte, unmöglich – dies war Bevölkerungsplanern und Politikern bekannt. Die Grenzen der Weimarer Republik beließen Nichtdeutsche im Gebiet der «Nation» und Deutsche außerhalb. Im gesamten Europa überschritten etwa 5–10 Millionen Menschen unfreiwillig die sie ausschließenden neuen Grenzen in den Staat ihrer Nationalität. Innerhalb Deutschlands verblieben laut Zensus von 1925 0,7 Millionen Polnisch, 63 000 Masurisch, 71 200 Wendisch, 19 000 Tschechisch, 4000 Litauisch und 7100 Dänisch sprechende Menschen.

Als die Deutschen, ob sie den Krieg gewollt hatten oder nicht, 1918 vor Trümmern standen, entschlossen sich erneut viele zur Auswanderung nach Nordamerika. Manche hatten dies 1914 geplant, aber nicht mehr verwirklichen können. Mit über 100 000 Menschen erreichte die Auswanderung bei gleichzeitiger Hyperinflation 1923 ihren Höhepunkt. Mit Beginn der Weltwirtschaftskrise 1929 und der «Machtergreifung» der Nationalsozialisten 1933 fand sie ein Ende. Rund 420 000 Menschen hatten die Weimarer Republik verlassen, darunter nur 7000 jüdischen Glaubens.

An den Massenauswanderungen aus angestammten vielkulturellen Siedlungsgebieten war bis 1923 etwa eine Million Deutsche beteiligt: 150 000 aus Elsass-Lothringen siedelten in rheinländischen Regionen; etwa 850 000 wanderten aus dem neuen polnischen in den neuen deutschen Staat, obwohl dieser, eine Revision der östlichen Grenzen anstrebend, den Verbleib einer starken deutschen Minderheit in Polen wünschte. Die «Grenzlandvertriebenen» wurden in sogenannten Heimkehrlagern untergebracht. Aus den ehemaligen Kolonien kamen weitere 16 000 Rückwanderer. Österreich wurde, nach einer Zählung Ende der 1920er Jahre, Ziel von rund 800 000 deutschsprachigen Menschen aus weiter östlich gelegenen Gebieten.

Zur gleichen Zeit kamen aus dem ehemaligen Zarenreich Revolutions- und Bürgerkriegsflüchtlinge; nach Schätzungen hielten sich von insgesamt 1,5–2 Millionen 1922/23 etwa 0,6 Millionen im Reichsgebiet auf. Diese als «Russische Emigration» bezeichnete Gruppe bestand aus russländischen Staatsangehörigen überwiegend wohlhabender und gebildeter Herkunft (Elitenflucht), von denen ein Teil «deutschstämmiger», jüdischer, ukrainischer, baltischer, armenischer, tatarischer und anderer kultureller Herkunft war. Berlin wurde für kurze Zeit zum Zentrum der Emigranten. Viele wanderten jedoch weiter, besonders nach Paris, und 1933 lebten nur noch 100 000 von ihnen in Deutschland. Die Weimarer Republik betrieb eine äußerst restriktive Zuwanderungs- und Eingliederungspolitik, die französische Regierung hingegen eine offene, um kriegsbedingte Bevölkerungsverluste auszugleichen. Im Sprachgebrauch der Gegenwart suchten diese Menschen Asyl.

In den 1920er Jahren verließen weitere Zehntausende «Deutschstämmige», darunter viele Mennoniten, die Sowjetunion, Polen, Ungarn und die Balkanstaaten. Die Siedlungsgebiete der «Donauschwaben» wurden unter mehrere Nationalstaaten mit vielfältigen Minderheiten aufgeteilt. Der in Friedensverträgen und vom Völkerbund garantierte Minderheitenschutz wurde oft nicht in die Praxis umgesetzt. Die «Wolgadeutschen» erhielten im Zuge der sowjetischen Nationalitätenpolitik eine eigene Teilrepublik, waren aber von Kollektivierung und Wirtschaftskrisen betroffen. Dass die Auswanderungspolitik der Sowjetunion Ende der 1920er Jahre restriktiver wurde, traf sich mit den Interessen der Reichsregierung, die 1930 einen Einwanderungsstopp für russlanddeutsche Kolonisten verhängte und Auswandernde im Transit besonders nach Kanada und Südamerika durchschleuste. Freiwillig Ausreisende kontaktierten früher abgewanderte Angehörige oder Bekannte, die Informationen über Land und Arbeit sowie Hilfestellung bieten konnten.

Die Nachkriegsauswanderung von «Reichsdeutschen» aus Deutschland verlief entlang anderer Wege als die der «Volksdeutschen» aus Osteuropa – dies die neuen Termini –, denn jede Gruppe folgte eigenen Informationswegen und verwandtschaftlichen Beziehungen. Auch wenn sie in Nordamerika in räumlicher Nähe siedelten, entwickelte sich keine Gemeinschaft: Die über Jahrhunderte gewachsenen kulturellen Distanzen ließen sich nicht überbrücken. Hinzu kamen Unterschiede der materiellen Lebensumstände. Nach Flucht, Deportationen und vielfältigen Zwischenetappen waren die Volksdeutschen ärmer als die

Reichsdeutschen, und Letztere hatten weder Mittel noch den Willen zu helfen. In kleineren Zahlen wählten Männer und Frauen aus Deutschland auch andere Ziele: Junge Frauen gingen als Dienstmädchen in die Niederlande; vermutlich einige Zehntausend Männer kamen zwischen 1928 und 1931 in die Sowjetunion, die international Fachkräfte für die Industrialisierung anwarb; arbeitslose Bergleute aus dem Ruhrgebiet migrierten nach 1929 ins Donezbecken, 1931 wurden 6–8000 Arbeiter gezählt. Viele waren klassenbewusst und wollten den Aufbau des Sozialismus unterstützen. Nach 1931 brach die sowjetische Regierung das Experiment ab. Als angesichts schlechter Lebensumstände viele zurückwandern wollten, versuchte die Regierung, dies sowohl durch Anreize wie durch Zwangsmaßnahmen zu verhindern.

Weltweit sank mit Beginn der Weltwirtschaftskrise – und in Deutschland ab 1933 mit den Auswanderungsrestriktionen des Naziregimes – die Auswanderung. Gleichzeitig nahm die Rückwanderung zu, weil besonders erst vor wenigen Jahren Ausgewanderte in der Herkunftskultur umfangreichere Netzwerke besaßen und so mehr Unterstützung finden konnten. Für die Jahre 1933 bis 1939 standen 120 000 deutschen Auswanderern in die USA 300 000 Rückkehrer gegenüber.

Ausländerbeschäftigung nahm in der Weimarer Republik im Vergleich zur Vorkriegszeit stark ab. Ein Teil der meist zweisprachigen polnischen (Zwangs-)Arbeiter hatte sich akkulturiert. Oft mit deutschen Frauen verheiratet, wanderten sie nicht in das neue Polen zurück. Wurden in den 1920er Jahren noch 200–300 000 «Fremdarbeiter» gezählt, so sank ihre Zahl Anfang der 1930er Jahre unter Anschuldigungen, dass sie die Arbeitsplätze deutscher Landarbeiter besetzten, auf rund 100 000. Die Regierungen der Weimarer Republik verfolgten mit Unterstützung der Gewerkschaften eine Arbeitsmarktpolitik mit Inländerprimat und Abdrängung von Ausländern. Dies betraf auch die «Deutschstämmigen»: Eine rechtliche Gleichstellung der «Volksdeutschen fremder Staatsangehörigkeit» mit «Reichsdeutschen» und die Gewährung von Staatsbürgerschaft würde, so die Argumentation, die Minderheiten im Osten ebenso schwächen wie die Wirtschaft des Reiches. Das umfangreiche regierungsseitige Kontrollinstrumentarium ließ sich nach 1933 nahtlos vom nationalsozialistischen Regime weiterverwenden.

b) Die faschistische Periode bis zum Ende des Zweiten Weltkrieges

Die Aus- und Einwanderungen und Vertreibungen im faschistischen Deutschland und in den besetzten Gebieten lassen sich in vier Kategorien teilen: (1) Flucht von Menschen jüdischen Glaubens, politischen Gegnern, Sinti und Roma, Homosexuellen und anderen; (2) Anwerbung von Fremdarbeitern für die expandierende Rüstungsindustrie und nach 1939 Deportation von Millionen Menschen aus den besetzten Gebieten in Arbeitslager und speziell von Frauen, oft Schülerinnen, in Hausarbeit; (3) Deportation von Juden und «lebensunwerten» Menschen in Vernichtungslager; (4) «Umsiedlungsprogramme» als Deportationen von Menschen slawischer Kultur ostwärts, um Raum für «germanische» Siedler aus weiter östlich gelegenen Wohngebieten zu schaffen. Hinzu kommen (5) kriegsbedingte Flüchtlingsströme von zig Millionen vor den Armeen. In diesem 1937 mit der japanischen Aggression gegen China beginnenden *Welt*krieg flohen schon im ersten Jahr 100 Millionen Chinesen vor den japanischen Truppen.

Seit der Teilung der deutschsprachigen Region 1871 in einen hohenzollerischen und einen habsburgischen Staat waren Auswanderungen separat verlaufen. Die Zerschlagung der Arbeiterbewegung in Österreich 1934 und die «Anschluss» genannte Vereinigung 1938 erzwang eine erneute Parallelität. Etwa eine halbe Million Deutsche und 150 000 Österreicher mussten das dritte Deutsche Reich bis 1939 verlassen, darunter rund 280 000 deutsche und 130 000 österreichische Juden. Die Wiedereingliederung des Saarlandes 1935 und die Annexion der Sudetengebiete 1938 lösten die Flucht von je etwa 5000 bzw. 6500 demokratisch Gesinnten aus. 80 Staaten nahmen einige dieser von ihrer eigenen Regierung Vertriebenen auf. Aber unter den Bedingungen der Weltwirtschaftskrise rief die Massenflucht von

Menschen ohne Mittel Abwehr hervor, eine 1938 einberufene Konferenz bot keine Hilfe. Sie forderte «geordnete» Flucht und das Recht, Besitz zu transferieren, damit nicht mittellose Menschen die Aufnahmeländer erreichen würden. Die faschistischen, Flüchtlinge generierenden Staaten waren von einem Ring demokratischer Staaten umgeben, die Flüchtlinge abwiesen (Marrus). Als es während des Krieges angeblich keine Transportkapazitäten gab, um jüdische und andere Flüchtlinge in die USA zu bringen, gab es ausreichend Schiffsraum, um rund 400 000 deutsche Kriegsgefangene dorthin zu verfrachten.

Deutsche wie österreichische Gesellschaften verloren, wie Russland nach 1917, einen großen Teil der demokratisch-politischen und intellektuell-künstlerisch-wissenschaftlichen Eliten. Von den Emigranten wandten sich nur wenige der UdSSR zu, die Verfolgung von «Abweichlern» war inzwischen bekannt. Frankreich, die Schweiz, Schweden und die Tschechoslowakei, Großbritannien und Nordamerika wurden die wichtigsten Ziele. Das Vordringen der deutschen Militärmaschinerie erforderte vielfach erneute Flucht und behinderte die Reorganisation für den Widerstand. Besonders flüchtende Kulturschaffende konnten in der Fremde keine Ausdrucksmöglichkeiten finden und gerieten in Vergessenheit.

Deutsche «Juden», ab 1941 durch einen gelben Stern gekennzeichnet, da sonst von deutschen Christen nicht zu unterscheiden, mussten sich schnell zur Auswanderung entschließen, etwa 130 000 bis 1937 und eine ähnliche Anzahl nach der Reichspogromnacht 1938, in Österreich 130 000 zwischen 1928 und 1939. Außerdem organisierte das Reich eine Massenabschiebung von «Ostjuden» nach Polen. Angesichts des weitverbreiteten Antisemitismus waren Menschen jüdischen Glaubens in vielen Ländern unwillkommen. Einige flohen durch die Sowjetunion bis nach Harbin und Schanghai, andere versuchten im arabisch besiedelten Palästina, unter britischem Mandat, eine Heimstätte zu finden. Großbritannien nahm nach 1938 9400 unbegleitete Kinder von Verfolgten auf, Kanada verweigerte jegliche Aufnahme. Die USA nahmen, in der Quote für Deutsche, bis 1944 rund 120 000 Menschen auf. Südamerikanische

Staaten und besonders Kuba boten Zuflucht. Mit dem Vormarsch der Armeen der faschistischen Staaten begann der Abtransport in die industriell organisierten Vernichtungslager mit minutiös geplanten Zugfolgen der Reichsbahn.

In der Aufrüstung diagnostizierten faschistische Stellen ab Mitte der 1930er Jahre Arbeitskräftemangel und begannen trotz rassistischer Ausgrenzung und Devisenmangel eine begrenzte Anwerbung: 1938/39 wurden 436 000 Fremdarbeiter gezählt. Wie im Ersten Weltkrieg war ein Kriegsziel der faschistischen nationalimperialen Elite die Eroberung des östlichen Raumes als Reservoir für als rassisch minderwertig bezeichnete Arbeitskräfte und «Lebensraum» für deutsche bäuerliche Bevölkerungen. Mit der Besetzung Polens begannen die Deportationen von Menschen in Zwangsarbeitslager. Während «Zigeuner», die einem volkstümlichen deutschen Klischee zufolge Kinder rauben, in KZs abtransportiert wurden, raubten arische deutsche Soldaten der Herrenrasse Millionen Männer, Frauen und Kinder russischer, polnischer und ukrainischer Herkunft, aber auch 1,3 Millionen aus Frankreich und jeweils Hunderttausende aus Italien, Belgien, den Niederlanden, der Tschechoslowakei und Jugoslawien. Ab 1942 organisierte der «Generalbevollmächtigte für den Arbeitseinsatz» den Menschenraub zentral. Nach Schätzungen waren dem Regime insgesamt 9,5–10 Millionen Zivilarbeiter und Kriegsgefangene in Arbeitslagern ausgeliefert, weitere 2,5 Millionen in SS-Lagern, dazu vermutlich 1,5 Millionen jüdische Menschen in Vernichtungslagern. Sie machten 1944 ein Viertel der in der gesamten Wirtschaft des Reiches Beschäftigten aus. Auch Arbeitslager wurden zu Vernichtungslagern – von den 5,7 Millionen sowjetischen Kriegsgefangenen verhungerten, erfroren, starben an Erschöpfung oder Krankheit mehr als die Hälfte.

Parallel begann eine Volkstumspolitik, die «Fremdvölkische» aus dem «Altreich» und den besetzten polnischen Gebieten (Danzig-Westpreußen und «Warthegau») deportierte und im Rahmen eines Abkommens mit der Sowjetunion «im Volkstumskampf erprobte Siedler» – die neue Bezeichnung für «Volksdeutsche» – «heim» ins erweiterte Reich importierte. Von diesen verließ ein Teil die alten Siedlungsgebiete freiwillig, angezogen von nationalsozialistischer Propaganda und getrieben von Minderheitenpolitik und materiellem Elend in der Sowjetunion. Der gesamte Gürtel vom Baltikum über Wolhynien bis nach Bessarabien und zur Dobrudscha wurde von «Volksdeutschen» entleert. Knapp eine Million von ihnen erhielt bis 1944 in den von polnischen und anderen Bewohnern entleerten Gebieten den Besitz der vertriebenen Polen und ermordeten Juden. Weitere befanden sich bei Kriegsende noch in Durchschleusungslagern der großdeutschen Bevölkerungsplaner. Viele wurden mehrfach umgesiedelt: Anfangs war die flächendeckende «Eindeutschung» polnischer Gebiete das Planziel, danach sollten entfernte Siedlungskerne folgen, schließlich Litauen deutsch besiedelt werden. Der faschistische «Generalsiedlungsplan» verfrachtete oder vernichtete Menschen unter nationalrassistischen Ideologien. Ab 1944 begannen diese vielfach verschobene Bevölkerung und langansässige Deutschstämmige ihren Treck westwärts in Auffanglager. Die ostwärts vertriebenen Polen wurden ab 1945 erneut vertrieben, diesmal westwärts, da der gesamte polnische Staat westlich verschoben wurde.

c) Flucht, *Displaced Persons* und Auswanderung, 1945 bis 1955

Zum Zeitpunkt der Kapitulation des Tausendjährigen Reiches nach nur zwölf Jahren war Europa ein Trümmerfeld. In Deutschland, in den vier Besatzungszonen, befanden sich 10 bis 12 Millionen überlebende Zwangsarbeiter als *Displaced Persons* (DPs) und etwa 10 Millionen aus den von alliierten Flächenbombardierungen betroffenen Städten «Evakuierte» – wie «Umsiedlung» und «Durchschleusung» ein weiterer bürokratischer Begriff für unfreiwillige Wanderung. Von ihnen lebten 1947 noch 4 Millionen in Notunterkünften. Außerhalb der Zonen befanden sich deutsche Kriegsgefangene und in Osteuropa etwa 14 Millionen «Volksdeutsche», «Grenzdeutsche» und Deutsche, deren Wohngebiete vom Nachkriegsdeutschland abgetrennt wurden. Auch viele, die trotz Krieg und Bomben an ihrem Wohnort hatten bleiben können, sahen wenig Chancen, ihr Leben in den Trümmern nationalfaschistischer Politik und städtischer Wohngebiete fortzuführen. Die Deklaration einer «Stunde null» in der frühen Politik der Westzonen und eines «Neuanfanges» half den Einzelnen nicht, deren Lebensjahre kontinuierlich weiterliefen, die fast sechs Lebensjahre und oft auch ihre materielle Basis verloren hatten. Ein Effekt dieser düsteren Bilanz und der Notwendigkeit, das eigene Leben wieder in zukunftsorientierte Bahnen zu bringen, war, dass Zeit, Kraft und Wille fehlten, sich mit den viel größeren Leiden der von der deutschen Kriegsmaschinerie niedergewalzten Nachbarn auseinanderzusetzen. Dies wurde zukünftigen Auswanderern in ihren Aufnahmegesellschaften vorgehalten, ebenso wie den in Deutschland Verbleibenden.

Von den DPs strebte die Mehrzahl in ihre Geburtsländer zurück – obwohl viele nicht wussten, ob die Familie überlebt hatte und ob ein «Zuhause» noch existierte. Bereits Ende 1945 lebten in den drei Westzonen nur noch 1,7 Millionen DPs in Lagern. Ein besonderes Problem war die unfreiwillige Repatriierung sowjetischer Kriegsgefangener, denen nach der Rückkehr ihr Überleben als Kollaboration ausgelegt und mit erneuter Lagerhaft oder Hinrichtung bestraft wurde. Andere osteuropäische DPs wollten nicht in den Bereich der neuen, kommunistischen Regierungen zurückkehren. Jüdische Überlebende des Holocaust hatten keinen Ort, an den sie hätten zurückkehren können. Ab Mitte 1947 sollte die International Refugee Organization mit einem *resettlement program* den Verbliebenen durch Auswanderung neue Perspektiven geben. Das humanitäre Ziel trat schnell hinter die Arbeitsmarktinteressen der Aufnahmeländer zurück. Die USA, Kanada, Australien, Südafrika und einige südamerikanische Länder wählten nur gesunde, arbeitsfähige Männer und Frauen aus und verweigerten oft auch Partnern und Kindern die Einreise. Die Ausgewählten erhielten bei der Ankunft Einwandererstatus und konnten, nach Ende ihrer Arbeitsverpflichtung, ein selbstbestimmtes Leben beginnen, so etwa die 450 000 Menschen, die von den USA aufgenommen wurden. In Deutschland verblieben diejenigen Zwangsmigranten des faschistischen Regimes, die kein Aufnahmeland fanden. Sie erhielten weder Lohn für ihre Arbeit noch Entschädigung für ihr Leiden, noch die Staatsbürgerschaft – bürokratisch wurden sie zu «heimatlosen Ausländern» oder «Staatenlosen» abgestempelt. Lebenslang gezeichnet blieben auch die jüdischen und anderen Überlebenden des Holocaust, die, traumatisiert durch das Grauen und den Verlust ihrer Familien, nur unter Mühe neue Perspektiven aufbauen konnten – ob in der BRD oder nach Auswanderung.

Wie die DPs mussten die deutschen Kriegsgefangenen repatriiert werden. Die Sowjetunion, Frankreich und Belgien verweigerten einem Teil die Rückkehr und verpflichteten sie zu Zwangsarbeit im Wiederaufbau. Als Individuen mussten sie gewissermaßen einen kleinen Teil der Schuld bezahlen, die der Faschismus der Nachkriegsbevölkerung aufgeladen hatte. Von den Männern im Westen, 1945 etwa 1,8 Millionen, entschied sich in Frankreich rund ein Fünftel zum Verbleib, als im April 1947 Rückkehr möglich wurde. Sie änderten die unfreiwillige Wanderung als Soldaten in eine freiwillige Entscheidung zur Auswanderung. Aus der Sowjetunion kehrten 1955 die letzten zurück – viele ohne Perspektiven, da ihre Familien nicht mehr existierten.

Von den 18 Millionen «Volksdeutschen» aus Ostmittel-, Südost- und Osteuropa und den «Reichsdeutschen» aus den abgetrennten Ostprovinzen flohen 14 Millionen westwärts. Etwa 300 000 Zurückgebliebene – von denen viele die deutschen Besatzer unterstützt hatten – wurden von der sowjetischen Regierung in arktische und sibirische Arbeitslager transportiert, «Verschleppung» in dem politdeutschen Sprachgebrauch, der die Verschleppung von osteuropäischen Menschen durch Deutsche als «Arbeitseinsatz» bezeichnet hatte. Formaljuristisch handelte es sich in sowjetischer Sicht um «vorübergehende Ausbeutung der Arbeitskraft zum Wiederaufbau im Rahmen beanspruchter Reparationsleistungen». Wie im Fall der festgehaltenen Kriegsgefangenen überlebten etwa 20 Prozent die Arbeitslager nicht. In manchen Regionen Südosteuropas kam es nach Abzug der gewalttätigen deutschen Besatzungs- und SS-Einheiten zu Gewaltakten gegen verbliebene Deutschsprachige.

Die Eingliederung der «Flüchtlinge und Vertriebenen», 1950 in Österreich 500 000 und in der BRD und DDR zusammen 12,5 Millionen, erfolgte nur zögerlich. Ihre separate Existenz als Gruppe sollte revanchistische Ansprüche auf östliche Territorien stützen, politisch ausgedrückt durch den «Block der Heimatvertriebenen und Entrechteten» und ab 1955 durch die CDU, der ein Teil der führenden Mitglieder dieses Verbandes beitrat. Die Einheimischen der BRD hielten sich de facto getrennt von den Flüchtlingen: Neubau separater Flüchtlingsviertel und getrennte soziale Netzwerke. Die «Umsiedler» oder «Neusiedler» (sowjetischer bzw. BRD-Sprachgebrauch) erhielten Staatsbürgerschaft und politische Rechte – im Gegensatz zur Ausgliederung der «heimatlosen Ausländer». Trotz der offensichtlichen Probleme wurde 1948/49 die «Flüchtlingsintegration» offiziell als erfolgreich beendet bezeichnet. In der sowjetisch besetzten Zone (SBZ, dann DDR) wurde Eingliederung durch Arbeitskräftelenkung, das heißt Zuweisung von Arbeitsplätzen, angestrebt. In beiden Teilen Deutschlands folgten umfangreiche interne Wanderungen weg von zugewiesenen Wohnsitzen, um Familien zu rekonstruieren und Arbeitsmarktchancen zu verbessern.

Neben diesen innerdeutschen und -europäischen Migrationen gab es im Nachkriegsdeutschland ein starkes Bedürfnis nach Auswanderung in die USA und nach Kanada durch Kontaktaufnahme mit Familien und Freunden. Auswanderung war doppelt schwierig. Erstens war Deutschen bis 1948 unter der Zuweisung kollektiver Verantwortung für Nationalsozialismus, Krieg und Vernichtungslager die Auswanderung verboten. Ihr vorangehendes Regime hatte sie weltweit zu «unerwünschten Ausländern» werden lassen. Zweitens konstruierte die deutsche Nachkriegspolitik eine zum kollektiven Wiederaufbau verpflichtete «Schicksalsgemeinschaft» und führte – wie im 19. Jahrhundert – ein Genehmigungsverfahren ein. Die zuständigen Arbeitsämter sollten die Auswanderung arbeitsfähiger Männer verhindern, aber ledige oder verwitwete Frauen, die angesichts der hohen Todesrate auf den Schlachtfeldern keinen Ehemann finden würden, ebenso ziehen lassen wie aus dem Osten geflüchtete Landwirte, für die es kein Land gab. Erstere mussten ernährt werden, Letztere bildeten ein Unruhepotenzial. Weder «Volks-» noch «Schicksalsgemeinschaft» waren umfassend.

Zwei separate Faktoren ermöglichten erneute Auswanderung. Auf der Ebene von Institutionen begannen kanadische Kirchen und andere Organisationen sich für eine Wiederzulassung von Aus- und Einwanderung einzusetzen. Der Zeitpunkt der Aufhebung des Auswanderungsverbotes war kein Zufall: Die Einwanderungsländer suchten Arbeitskräfte, und das Alliierte Hauptquartier in Europa hatte – besonders nach dem harten Winter 1946/47 – Mühe, die deutsche Bevölkerung zu ernähren. Auf der Ebene individuellen menschlichen Handelns entstanden Verbindungen zwischen jungen deutschen und österreichischen Frauen und ebenso jungen amerikanischen Soldaten weißer und schwarzer Hautfarbe – die «Kriegsbräute» erhielten bei Heirat die Staatsbürgerschaft und konnten in die USA einreisen.

Der Hinweis auf deutsch/österreichisch-amerikanische Liebschaften mag nebensächlich erscheinen. Doch hatte, wie so oft, individuelles Handeln in seiner Summe Einfluss auf gesellschaftliche Entwicklungen. Einerseits ließ sich das rigorose, von den Alliierten verordnete Fraternisierungsverbot nicht aufrechterhalten. Andererseits konnten die Frauen als US- bzw. kanadische Staatsbürgerinnen Familienzusammenführung mit bestimmten Verwandten beantragen und damit Zurückgebliebenen die Einwanderung ermöglichen. Da in den rassistischen USA jedoch Mischehen verboten waren, konnten weiße deutsche Frauen und schwarze US-Soldaten nicht heiraten, doch für die Männer war es auch schwierig, in Deutschland zu bleiben. Gingen aus der Verbindung Kinder hervor, legten deutsche Stellen den Müttern nahe, diese zur Adoption «freizugeben» – zur Adoption im Ausland. Sie galten im neuen demokratischen Westen als abzuschiebende Fremdrassige. In anderen Fällen wurde die rassistisch-faschistische Vergangenheit schnell vergessen – die USA holten die Raketeningenieure um Wernher von Braun ins Land, die Sowjetunion Wissenschaftler aus dem Rüstungssektor. Mehr als 180 000 Deutsche wanderten innerhalb Europas aus, mit Frankreich und Großbritannien als bevorzugten Zielen. Daneben wählten bis 1961 780 000 überseeische Staaten als Ziel, besonders die USA (384 700), Kanada (234 300) und Australien (80 500).

De facto fand die Auswanderung 1955 ihr Ende. Der Wiederaufbau, das Wirtschaftswunder, das sehr nüchtern auf amerikanischen Krediten und Prioritäten des Kalten Krieges beruhte, bot Lebensperspektiven in (West-)Deutschland. Auch für diese letzte Auswanderung zeigt eine Vignette Gruppenspezifik: Unmittelbar nach dem Krieg nach Kanada Ausgewanderte hatten keinerlei Besitz außer ihrem Rucksack, später Ankommende brachten einen Container voll Sachen mit. Die «Rucksackdeutschen» und die «Containerdeutschen» haben kaum Gemeinsamkeiten finden können. Die deutsche Auswanderung endete gleichzeitig mit der gesamten europäischen Migration – mit Ausnahme der italienischen und portugiesischen. Nach dreieinhalb Jahrhunderten fand das atlantische Wanderungssystem sein Ende.

8. «Faktisch ein Einwanderungsland»

Ende der 1970er Jahre konstatierte der erste «Ausländerbeauftragte» der BRD, Heinz Kühn, Deutschland sei «faktisch ein Einwanderungsland». Die einstige zentraleuropäisch-deutschsprachige Region mit ihren vielfältigen Wanderungen hatte sich nach dem Zeitalter der Revolution in ein Auswanderungsland gewandelt. Nach der langen Übergangsphase seit den 1890er Jahren wurde Deutschland, von 1949 bis 1989 als Westdeutschland, Zuwanderungsland ohne rechtlichen Einwandererstatus.

So wie es dem deutschen Staat – im Gegensatz zum schwedischen und irischen – nie gelungen war, ein unverkrampftes Verhältnis zur Auswanderung zu entwickeln, gelang es nicht, ein nüchternes Verhältnis zur Einwanderung zu gewinnen. Die offizielle Position pendelte in Bezug auf Auswanderer zwischen der Ausgrenzung «vaterlandsloser Gesellen» und der Einbeziehung der «Auslandsdeutschen». Zuwanderer wurden statt als Einwanderer als ausländische Arbeitskräfte, Fremdarbeiter, «Gastarbeiter» klassifiziert – obwohl es kulturell unüblich ist, Gäste arbeiten zu lassen. Implizit betonte die scheinbar freundliche Bezeichnung, dass Gäste wieder abreisen; später hieß es rassistisch «Ausländer raus» oder bürokratisch «Rückkehrförderungsgesetz». Deutschland wurde nur de facto, nicht rechtlich Einwanderungsland für ausländische Arbeitnehmer («Gastarbeiter»), Asylbewerber und Kontingentflüchtlinge, Aussiedler und Spätaussiedler. Für Auswanderung entschieden sich nur noch wenige.

Die Weigerung der Politik, das Kühn-Memorandum umzusetzen, und der noch in der Ära Kohl vertretene Standpunkt, Deutschland sei kein Einwanderungsland, bedeutete in der Praxis, dass Politik und Gesetzgeber auf diese Entwicklung nicht mit staatlichem Handeln in gesamtgesellschaftlicher Perspektive reagierten.

a) Ausländische Arbeitnehmer in der BRD

Bereits Anfang der 1950er Jahre wurden sich Staat, Wirtschaft und Gewerkschaften bewusst, dass angesichts des Wiederaufbaus und des unerwartet schnellen wirtschaftlichen Wachstums bald zusätzliche Arbeitskräfte benötigt werden würden. Gleichzeitig entzogen ab 1955 Wiederaufrüstung und Wehrpflicht junge Männer dem Arbeitsmarkt. Lohnarbeit von Frauen blieb – trotz ihrer Leistungen in vielen «Männerpositionen» während des Krieges und als «Trümmerfrauen» danach – für die Politik und Kirchen dominierenden älteren Männer nicht akzeptabel. Bis zum Mauerbau 1961 konnte die BRD Zuwanderung aus der DDR verbuchen – 2,7 Millionen Menschen verließen den Staat. Das Arbeitskräftepotenzial wurde nicht mehr durch Auswanderung reduziert, da immer mehr Menschen erkannten, dass sie in der BRD wieder Perspektiven entwickeln konnten. In der DDR blieb dies für viele schwierig.

In der Planungsphase für die Anwerbung von Arbeitskräften im Ausland wurde im Rahmen der sozialen Marktwirtschaft ein

Konsens der gesellschaftlichen Institutionen – Staat, Wirtschaft («Arbeitgeber» genannt), Gewerkschaften und Kirchen – erreicht. «Ausländische Arbeitnehmer» sollten in das Lohngefüge integriert und so das Konfliktpotenzial von Billiglöhnen vermieden werden. Die Nachfrage nach weiblichen ausländischen Arbeitskräften führte allerdings zur Schaffung von sogenannten Leichtlohngruppen. Integration war kein Thema, da in der BRD das nationalistische Rotationsprinzip des Kaiserreiches wiederbelebt wurde. Dies geschah unter der Annahme, dass die ungelernten Zuwanderer angelernt oder ausgebildet werden und mit dem Zuwachs an Fähigkeiten nach Rückwanderung für ihren Ausgangsstaat einen Gewinn darstellen würden. Alle gesellschaftlichen Kräfte der BRD hatten Arbeitskräfte im Blick, nicht Menschen mit eigenen Lebenszielen.

Konsens wurde im Rahmen der veränderten europaweiten Machtverhältnisse auch darüber erzielt, dass die Anwerbung staatlicherseits durch Verträge mit den Entsendestaaten durchgeführt werden sollte: Italien 1955, Spanien und Griechenland 1960, Portugal 1964 und das sozialistische, aber offene Jugoslawien 1968. Bereits 1961 war die Türkei einbezogen worden, aber die Zuwanderung begann nur langsam. Verträge mit nordafrikanischen Staaten, Marokko 1963 und Tunesien 1965, blieben ohne Konsequenzen. Mit dem Beginn der auf den Ölpreisschock folgenden Krise wurde die Anwerbung 1973 eingestellt. In diesen knapp 20 Jahren kamen rund 14 Millionen Männer und Frauen, 11 Millionen kehrten zurück. Besonders Menschen aus Italien, Spanien und Griechenland blieben Migranten auf Zeit. Den zum Zeitpunkt des Anwerbestopps in der BRD lebenden 2,6 Millionen erwerbstätigen Ausländern, mit nachgeholten Familienmitgliedern 3 Millionen, war deutlich, dass bei Rückwanderung eine Neueinreise mit neuem Vertrag nicht mehr möglich sein würde. So entschieden sie sich gegen Rückwanderung und holten ihre Familien nach. Der Daueraufenthalt lag im Interesse von Wirtschaft und Wachstum, stand aber im Widerspruch zu nationalen Positionen. 1980 lag der «Ausländeranteil» bei den abhängig Beschäftigten bei knapp 10 Prozent, der Anteil an der Wohnbevölkerung bei 7,2 Prozent.

Gesellschaftlich wurden die Arbeitsmigranten durch ihre Beitragszahlungen in das Sozialversicherungssystem eingegliedert. Im Interesse von Beschäftigungskontinuität und Produktionsplanung wurde ihr Aufenthaltsstatus verfestigt. Langzeitaufenthalt bedeutete – wie bei deutschen Einwanderern in Nordamerika – auch kulturelle Anpassung. Schrittweise ließen sowohl die Wirtschaftspolitik des deutschen Staates wie die Lebensplanungen der Migranten aus «Gastarbeitern» Einwanderer werden, denen aber dieser Status verweigert wurde. Die Mehrzahl der «Ausländerfamilien» lebte spätestens seit Beginn der 1980er Jahre «in einer Einwanderungssituation ohne Einwanderungsland» (Klaus J. Bade). Unter dem restriktiven, immer noch an Abstammung orientierten Staatsbürgerrecht blieben auch in Deutschland geborene Kinder und Enkel der Zuwanderer Ausländer. Ihnen wurde Zugehörigkeit verweigert; das Schulsystem war, anders als in klassischen Einwanderungsländern, nicht auf Schüler anderer kultureller Herkunft vorbereitet.

Die komplexe Zuwanderungssituation, die eng mit der Situation der Herkunftsgesellschaft verbunden ist, soll am Beispiel der großen Gruppe türkischer Migranten erläutert werden. Schon vor dem Anwerbeabkommen 1961 holten Firmen Arbeitskräfte für Praktika nach Deutschland. Dies galt als Ausbildungs- und Entwicklungshilfe, diente aber der Erschließung des türkischen Marktes, da die Zurückkehrenden ihre deutschen und firmenspezifischen Markt- und Maschinenkenntnisse umsetzen würden. Andererseits entwickelte sich Arbeitsmigration nur langsam. Potenzielle Migranten islamischen Glaubens, besonders in ländlichen Gebieten, standen dem Leben in christlich orientierten Ländern skeptisch gegenüber. 1970 lebten in ganz West-, Mittel- und Nordeuropa nur 430 000 türkische Staatsbürger, davon weniger als ein Sechstel Frauen. Der Informationsfluss über Arbeitsplätze und Lebensformen und die hohe Nachfrage nach Arbeitskräften beschleunigten die Wanderung ebenso wie die erstmalig in der türkischen Verfassung von 1961 gewährte Freizügigkeit (unter Beibehaltung der Militärpflicht für abwandernde Männer), die Militärputsche von 1972 und 1980 sowie das hohe Bevölkerungswachstum bei gleichzeitig hoher Arbeitslosigkeit. Der türkische Staat erwartete Devisentransfer. Im Jahr 2000 lebten über 3 Millionen türkische Migranten in den Zielländern, davon 1,9 Millionen in Deutschland. Die als «Türken» bezeichneten Bürger des türkischen Staates, in dem etwa 40 ethnokulturelle und ethnoreligiöse Gruppen leben, schließen ethnische Kurden ein (ca. 30 Prozent) und, nach Religion, sunnitisch-hanefitische Türken, sunnitisch-schafiitische Kurden und sowohl türkische wie kurdische Aleviten. Diese Vielfalt ist derjenigen deutschsprachiger Auswanderer in Osteuropa und in Nordamerika vergleichbar.

Bis zum Beginn der 1970er Jahre kam die Hälfte aller Angeworbenen aus den am weitesten entwickelten westlichen und nördlichen Provinzen und den großen Städten Istanbul, Ankara und Izmir, darunter viele ausgebildete Facharbeiter. Während der Krise der deutschen Wirtschaft 1966/67 entschieden sie sich nicht zur Rück-, sondern zur Weiterwanderung in andere Länder. Der Anwerbestopp löste eine Konsolidierungsphase mit Familiennachzug aus, die Ende der 1980er Jahre in eine Phase sinkender Rückbindung und zunehmender Orientierung zum Aufnahmeland überging. Der Umfang der Gruppe ermöglichte – und die bundesrepublikanische Ausgrenzung erforderte – die Entwicklung einer lebendigen, heterogenen Gruppenkultur mit Rekonstruktion regionaler landsmannschaftlicher und verwandtschaftlicher Beziehungen. Für die in Deutschland geborenen, nachwachsenden Generationen ergaben sich aus der Gruppenbildung und Ausgrenzung erhebliche Probleme: innerfamiliäre Weiterverwendung der türkischen Sprache und, in manchen Fällen, «Import» von Ehepartnerinnen aus der Türkei, Defizite des deutschen Schulsystems in Bezug auf Integration und die strukturellen Veränderungen des Arbeitsmarktes. Wie in vielen westlichen Industrieländern finden die Kinder der Zuwanderer angesichts des Exports von Arbeitsplätzen in Länder mit niedrigeren Löhnen keine Arbeit. Die Verschärfung der Ausländerpolitik und des Ausländerrechtes 1990/91 mit der Einführung des Visumzwangs für Türken bedeutete weitere Ausgrenzung. Dem steht das Eingliederungsverhalten der intern vielfältigen Gruppe durch Gründung kleiner und mittlerer Betriebe und verbreitetem Hausbesitz gegenüber.

Abschließend ist festzuhalten, dass wie in allen Einwanderungsgesellschaften die Funktionsfähigkeit der deutschen Wirtschaft von den Migranten abhängt und dass die deutsche Alltagskultur sich, auch integrativ, verändert hat. Letzteres lässt sich unter Einbeziehung kultureller Hierarchien gut durch die Esskultur belegen. Als 1945 amerikanische Soldaten als Machthaber in Deutschland stationiert waren, übernahmen deutsche Männer (im Gegensatz zu ihren kulinarisch erfahreneren Frauen) die Ketchup-Mode. Die später folgenden subalternen Gastarbeiter hingegen wurden als italienische «Spaghettifresser» und türkische «Knoblauchfresser» abgewertet – bis Pizza und Döner Teil deutscher Esskultur wurden. Nicht die Abstammung, sondern die Alltagspraxis ist von Bedeutung. Zuwanderung bedeutet für jede Gesellschaft neben Arbeitskräften auch einen Zuwachs an alltagskulturellen und literarisch-künstlerischen Optionen.

b) Internationale Werktätige in der DDR

Die Zuwanderung in die DDR lag weitaus niedriger. «Ausländische Vertragsarbeitnehmer», teils unter Proklamation internationaler Solidarität ins Land geholt, zählten 1970 nur etwa 14 000 (BRD: 3 Millionen) und 1989 nur 93 600 (BRD: 4,8 Millionen). Die Mehrzahl kam aus Vietnam und Mosambik, einige aus Kuba und Polen. Nur etwa 15 Prozent waren Frauen, die im Fall von Schwangerschaft abgeschoben wurden. Offiziell geschah dies nicht aufgrund von Hautfarbe oder Geschlecht, sondern weil sie dem Arbeitsmarkt nicht zur Verfügung standen. In der Regel wurden die Vertragsarbeitnehmer – wie Gastarbeiter in den Anfangsjahren – in separaten Wohnheimen untergebracht. Kontakte zur einheimischen Bevölkerung unterlagen der Kontrolle; meist bestand Betriebsbindung; die Aufenthaltsgenehmigung konnte ohne Begründung beschränkt oder entzogen werden. Arbeitsverträge hatten in der Regel eine Dauer von vier bis fünf Jahren; danach griff ein rigoroses Rotationsprinzip.

Auch der sozialistische Staat knüpfte an die preußische Tradition von Fremdarbeit an. Die kasernierten Arbeitskräfte sahen sich häufig rassistischen Vorurteilen ausgesetzt; in der abgeschotteten Gesellschaft konnten sich keine multikulturellen Lebensformen entwickeln.

Nach der deutsch-deutschen Vereinigung blieben entgegen Erwartungen der neuen Einheitsregierung besonders Vietnamesen, aber auch Mosambikaner und Kubaner in Deutschland. Schon in der DDR hatten sie staatliche Regelungen unterlaufen, und einige hatten sich mit Deutschen in binationalen Ehen zusammengeschlossen. Diese Zuwanderer hatten das Recht, in Deutschland zu bleiben, und konnten Familienmitglieder nachholen. Wie die deutschen Kriegsbräute in den USA wurden sie Ankerpunkte für Nachwanderer.

c) Asylsuchende und «Kontingentflüchtlinge»

Da unter dem Faschismus Hunderttausende Deutscher im Ausland hatten Asyl suchen müssen, wurde im Grundgesetz der BRD ebenso wie in Gesetzen der DDR ein Asylrecht für anderswo politisch Verfolgte festgeschrieben. Während der Ost-West-Konfrontation wurden Flüchtlinge aus den kommunistischen Staaten in der BRD aus blockpolitischen Interessen zügig aufgenommen, in die DDR kamen nur wenige. Mit der Öffnung des «Eisernen Vorhanges» und der Verschlechterung der Lebensbedingungen in der «Dritten Welt» unter den sie global benachteiligenden *terms of trade* schnellte die Zahl der Antragsteller ab 1988 nach oben. Damit brach die großzügige Handhabung des Asylrechtes ab; Asylbewerber dunkler Hautfarbe wurden zunehmend als «Wirtschaftsflüchtlinge» abgestempelt. Dieser Terminus wäre für die Mehrzahl der deutschen Auswanderer des 19. Jahrhunderts passend gewesen – sie verließen einen Staat oder Staaten, die ihnen politisch keine Beteiligung zubilligten und wirtschaftlich keine ausreichenden Entwicklungsmöglichkeiten boten. Da für sie die Türen nicht verschlossen waren, hatte sich für sie die Frage nach «Asyl» nicht gestellt. Die als «Wirtschaftsflüchtlinge» Bezeichneten dagegen wurden beschuldigt, «Asylbetrug» zu begehen, sich also schon bei der Einreise gesetzwidrig zu verhalten. 1988 stieg die Zahl der Antragsteller, und in den folgenden zehn Jahren kamen knapp 2 Millionen, davon etwa zwei Drittel aus Europa – besonders Kurden ohne eigenen Staat, ohne Schulen in kurdischer Sprache und in der Türkei nach dem zweiten Militärputsch 1980 verfolgt. Viele Kurden waren zuvor regulär als Gastarbeiter gekommen und konnten Flüchtlingen als Anlaufstelle dienen.

Die Ankunft dieser Flüchtlinge traf mit der Masseneinreise von Aussiedlern (s. u.) zusammen. Dies führte zu einer Debatte um eine Schließung der Grenzen, die oft rassistisch auf «dunkelhäutige» Menschen zielte. Die Verweigerung des *Einwandererstatus* vonseiten politischer Institutionen trug zur *Ausländerfeindlichkeit* bei. Eine Verschärfung des Asylrechtes 1993 senkte den Prozentsatz anerkannter Asylberechtigter massiv. Ein Teil erhält allerdings eine «Duldung» ihrer Anwesenheit, da die Unmenschlichkeit der Regimes ihrer Geburtsstaaten bekannt ist. Gleichzeitig erfolgt Abschiebung vieler nicht anerkannter Menschen auch in Länder, in denen Folter und Todesstrafe praktiziert werden. Neben dieser Beschränkung humanitärer Hilfe hat das neue EU-Recht eine Asylbewerber-Verschiebepraxis entstehen lassen: Flüchtlinge, die zum Teil verzweifelt versuchen, in irgendeinem Land anerkannt zu werden, werden in ihr EU-Einreiseland zurückgeschickt, da ein Antrag nur noch in diesem gestellt werden kann. Angesichts der Furcht vor Abschiebung in folternde Staaten hat sich die Zahl illegaler Aufenthalte erhöht. In historischer Perspektive sind diese Praktiken denen ähnlich, die Nachbarstaaten des faschistischen Deutschlands in einer Reihe von Fällen gegenüber jüdischen Menschen angewendet haben.

Gesondert werden Asylanträge von Flüchtlingen jüdischen Glaubens aus der Sowjetunion bzw. deren Nachfolgestaaten behandelt: Von 1968 bis 1988 verließen etwa 470 000 die UdSSR, von 1990 bis 2005 1,3 Millionen. Im Staat Israel besitzen sie ein «Heimkehrrecht», das auf ihrer durch Geburt, und zwar mütterlicherseits, erworbenen Zugehörigkeit zum Judentum basiert. Flüchtlingsstatus gewährten in der Zeit des Kalten Krieges bis 1989 auch die USA. Die aus den Nachfolgestaaten der UdSSR

Kommenden siedelten in Israel (800 000), in den USA (300 000) und in der BRD (200 000). Das Nichteinwanderungsland BRD entschied sich unter der Sorge, eines neuen Antisemitismus beschuldigt zu werden, auf sie das Gesetz über «Kontingentflüchtlinge» anzuwenden, das in Krisen, wie der der vietnamesischen Bootsflüchtlinge, humanitäre Hilfe erlaubt. So konnten russische Juden auch dann legal einreisen und sich niederlassen, wenn weder hochdeutsche noch jiddische Sprachkenntnisse vorhanden waren. Für die ebenfalls unter dem Faschismus verfolgte Gruppe der Sinti und Roma, die seit 1989 in großen Zahlen aus Rumänien fliehen, gab es keine Gleichbehandlung. Für die russisch-jüdischen Kontingentflüchtlinge ergab sich eine Reihe von Konflikten. Ihr Leben in der UdSSR war eher areligiös, Sprachkenntnisse fehlen, die Arbeitslosigkeit ist daher auch bei hoch qualifizierten Migranten erheblich. Diese Einwanderung erneuert einerseits das seit dem Holocaust marginale jüdische Leben der Bundesrepublik und ändert andererseits die deutschen jüdischen Gemeinden tief greifend, da dem verbindenden Glauben trennende ethnokulturelle Lebensformen gegenüberstehen.

Die Zuweisung von anerkannten oder geduldeten Asylbewerbern in einzelne Bundesländer und Gemeinden – die für Sozialhilfeleistungen zuständig sind – hat die Entwicklung ethnokultureller Selbsthilfenetzwerke behindert. Viele verlassen nach dem Pflichtaufenthalt von drei Jahren den zugewiesenen Wohnort und wandern in große Städte, in denen länger Anwesende Hilfestellung bieten, deutsche jüdische Gemeinden, vietnamesische *communities*, westafrikanische Organisationen. Die Kombination von Selbsthilfeorganisationen, ethnokultureller Segregation und endogamem Heiratsverhalten behindert Integration.

d) Aussiedler «deutscher Volkszugehörigkeit»

Nachdem Massenflucht und Vertreibung der Nachkommen deutschsprachiger Einwanderer aus Ostmittel-, Südost- und Osteuropa 1949 endeten, wurden kleinere Zahlen später Kommender im Bundesvertriebenengesetz von 1953 als «Aussiedler», im Kriegsfolgenbereinigungsgesetz von 1992 als «Spätaussiedler» bezeichnet. Aufgrund der Ausreisebarrieren kamen in den knapp vier Jahrzehnten zwischen 1950 und 1987 1,36 Millionen fast ausschließlich in die BRD, kaum in die DDR. Mit Öffnung der Grenzen, in Polen bereits 1988, entwickelte sich eine Massenzuwanderung von etwa 3 Millionen bis 2004. Die Aussiedler kamen anfangs überwiegend aus Polen, danach mehrheitlich aus Russland, schließlich aus Rumänien. Das Recht auf Zuwanderung «als Deutsche» mit automatischer Staatsbürgerschaft bei Ankunft wird aus den Verfolgungen dieser Personen stellvertretend für die von Deutschen während der Besatzungszeit begangenen Gräuel abgeleitet. Ältere kommen mit dem Trauma ihrer Deportation nach Sibirien und Kasachstan nach 1944. Hinter der Kategorisierung steht aber auch das ethnopolitische Abstammungsmodell. Laut Grundgesetz (Art. 116) muss aufgenommen werden, wer «Flüchtling oder Vertriebener deutscher Volkszugehörigkeit [ist] oder [...] dessen Ehegatte oder Abkömmling». In der Zeit des Kalten Krieges wurde auch ein «Vertreibungsdruck» durch die kommunistischen Regimes als gegeben gesetzt.

Mit der Umbruchsituation in den vormals sozialistischen Staaten – wirtschaftliche Krise, gesellschaftliche Desintegration, ethnokulturelle Diskriminierung und politische Instabilität – stieg die Aussiedlung in die BRD auch wegen der Hoffnung auf bessere wirtschaftliche Möglichkeiten, die rechtlich kein Aufnahmegrund sind («Wirtschaftsflüchtlinge»). Im Gefolge der Massenzuwanderung kam es einerseits zu Kettenwanderung, andererseits begann auch eine Rückwanderung, besonders nach Polen, da die Verhältnisse in Deutschland nicht den Vorstellungen entsprachen. Transnationale Lebensformen entstanden: Familienmitglieder wandern zwischen doppelten Wohnsitzen, zwischen Familienleben im Geburtsland und Erwerbsarbeit im Westen. Aussiedlern aus Polen, oft zumindest rudimentär zweisprachig, ist doppelte Staatsbürgerschaft gestattet, sodass sie ohne rechtliche Probleme transnational leben oder sich für die Rückwanderung entscheiden können. Auch die aus Rumänien Kommenden hatten meist deutsche Sprachkenntnisse, Aussiedlern aus Kasachstan fehlten diese oft.

In Reaktion auf die Masseneinwanderung begrenzte die BRD den Zuzug durch Quoten, ab 1993 auf 225 000, dann ab 2000 auf 100 000 jährlich. Die Zahlen sanken jedoch bis auf ca. 10 000 pro Jahr. Wichtiger für die Eingliederung war, dass seither Deutschkenntnisse verlangt wurden, die die Mehrzahl der Spätaussiedler aus dem Gebiet der ehemaligen UdSSR nicht besitzt. Entgegen der ethnopolitischen Grundannahme handelte es sich nicht um eine «deutsche» Minderheit, sondern um eine russisch akkulturierte Gruppe mit fernen Vorfahren im deutschsprachigen Mitteleuropa, denen nach zwei deutschen Angriffskriegen die Kultur ihrer Vorfahren weiterhin diskriminierend vorgehalten wurde. Viele der als «deutschstämmig» konstruierten Menschen haben russische oder andere Ehepartner und lebten trotz der Probleme weitgehend sozial integriert.

Die Integration dieser Menschen stellt sich wie bei denen jüdischen Glaubens und russischer Kultur mangels Sprachkompetenz, wegen unterschiedlicher Alltagskulturen, aufgrund der Arbeitsmarktsituation und mangelnder Qualifikationen für angestrebte Jobs als schwierig dar. Darüber hinaus gab es für die ethnopolitische Strategie der konservativen Regierung, die bei den Spätaussiedlern ein «Bekenntnis zum deutschen Volkstum» annahm, keine breite Akzeptanz unter den Bürgern der BRD. So gerieten diejenigen, die glaubten, nach Ankunft als Deutsche unter Deutschen leben zu können, in eine Einwanderungssituation mit Gettobildung bei hoher Arbeitslosigkeit und Weiterverwendung der russischen Sprache. Dies traf besonders jugendliche Zuwanderer hart, die ihren Freundeskreis verloren, ohne einen neuen aufbauen zu können, und denen die Sprachkenntnisse für den Schulunterricht und Arbeitsmarkt fehlten, die also in eine Sackgasse «gewandert wurden». Die gesamte Zuwanderung der Spätaussiedler und der russischen Juden ist mit den früheren Auswanderungen und Verfolgungen und den Kriegen, die die Sequenz deutscher Staaten mit den östlichen Nachbarn/Gegnern austrug, untrennbar verbunden. Spätaussiedler sind Spätfolgen früherer Auswanderung.

e) Weitere Auswanderungen?

Seit Ende der transatlantischen Auswanderung in den 1950er Jahren gibt es «Sonderfälle» kleinerer Auswanderungsbewegungen von Bundesbürgern. Ziele sind hauptsächlich die USA und Kanada ebenso wie andere EU-Staaten. Zeitweise entwickelte sich eine «Lebensstilauswanderung» nach Irland: Menschen, die dem als hektisch empfundenen Erwerbsleben der BRD entkommen wollten, suchten neue, oft selbstversorgende Lebensformen in ländlichen Gebieten Irlands. Das Schlagwort von US-Militärs, «Europa als Schlachtfeld» in einem dritten Weltkrieg, das beim NATO-Doppelbeschluss 1979 und der Aufstellung der Pershing-II-Raketen 1983 in die öffentliche Debatte geworfen wurde, führte zu einem kurzfristigen Interesse – ohne reale Konsequenzen – an Auswanderung nach Australien. Von den Spätaussiedlern sind etwa 10 000 in Kanadas Provinz Manitoba weitergewandert. Angesichts des engen universitären Stellenmarktes und kontinuierlicher Benachteiligung von Frauen gibt es eine kleine, wachsende Akademikerabwanderung. Auswanderung ist gegenwärtig kein gesellschaftlich oder politisch relevantes Thema in Deutschland.

9. Vergleichende Perspektiven

Auswanderungen aus und Einwanderungen nach Deutschland haben über die Jahrhunderte immer einen europäischen Kontext gehabt, dies auch in der Periode nationaler Abgrenzung vom Ende des 19. bis zum zweiten Drittel des 20. Jahrhunderts. Seither hat die Europäische Union wieder eine Öffnung herbeigeführt, die innereuropäische Migration erleichtert und in gewissem Sinne die vornationale, transeuropäische Dimension von Leben und Kulturen wiederaufnimmt und auch regionale Spezifik wieder anerkennt. Im internationalen Vergleich erscheinen deutsche Migrationen sowohl als spezifisch wie denen anderer Gesellschaften ähnlich. Anders bleibt die Wahrnehmung von Einwanderern in Deutschland und die nur schrittweise abnehmende Weigerung, Migration politisch wahrzunehmen.

Vielfältige Wanderungen sind vom ausgehenden Mittelalter bis in die Gegenwart im gesamten europäischen Raum Teil historischer und aktueller Erfahrung. Die Motive waren durchgehend wirtschaftlich schlechte Bedingungen zu Hause, in einer «Heimat», die kein Heim bietet und nur noch Ausgangsregion ist. Sie waren außerdem gesellschaftlich-politisch: Abwanderung war auch Kritik an den Bedingungen, die die Mächtigen der Staaten den Schwächeren auferlegten oder aufzwangen. Die zahllosen Bauern-, Handwerker- und Arbeiterlieder im deutschen Sprachraum legen darüber Zeugnis ab: Amtmann und Gendarm erzwingen den Verkauf des geringen Besitzes, «nun haben wir freien Lauf». Wirtschaftlich und politisch einengende Rahmenvorgaben mussten von Migranten wie Sesshaften in Lebensperspektiven umgesetzt werden. Während die Religion auf ein besseres Dasein nach dem Tod wies, erkannten handelnde Menschen die Möglichkeiten eines besseren Daseins in dieser Welt, aber an einem anderen Ort. Nicht das Gras erschien oder war grüner jenseits des Zaunes respektive der Grenze, sondern die dortigen Rahmenbedingungen boten größere Möglichkeiten für die Lebensplanung und mehr Erfolgschancen.

Spezifika der Migration im deutschsprachigen Raum beginnen mit der geografischen Lage in der Mitte Europas und zwischen den das Reisen erleichternden Flüssen, ostwärts die Donau, westwärts der Rhein. Für Arme zählte nicht die nationale «Wacht am Rhein», sondern die kostengünstige Ausreise. Die Geografie ermöglichte vielfältige Wanderungsrichtungen aus und in die deutschsprachigen Regionen sowie zahlreiche Transitwanderungen. Die immer wechselnde Organisation von Herrschaft und Territorien änderte Binnengrenzen. Die Außengrenzen folgten der Sequenz (1) zentraleuropäisches, weit über das deutschsprachige Gebiet hinaus reichendes Großreich – das sogenannte Alte Reich, (2) zunehmende Aufspaltung in halbsouveräne Fürstentümer und Kleinstaaten, (3) ab 1871 erneute (zweite) Reichsgründung unter Aufteilung der Sprachregion zwischen den Häusern Habsburg und Hohenzollern und Erhalt der dritten Teilregion, der deutschsprachigen Schweizer Kantone, (4) ab 1914 zweifacher Versuch imperialer, europaweiter kriegerischer Ausdehnung mit dem Resultat nicht nur der Zerstörung der angegriffenen, sondern auch der deutschsprachigen Gesellschaften.

Die Kleinstaaterei, oft verbunden mit Auspressung der Untertanen für den Luxus des Regenten und mit Kriegführung, sowie die durch dynastische Gewalt oder Heirat ständig veränderten Grenzen und Herrschaften haben massiv zur Auswanderung beigetragen. Viele der in der deutschen Sprache als «Fürsten» bezeichneten Herrscher würden in moderner Diktion als *warlords* gelten – die Wacht am Rhein bewachte eine Katastrophenregion. Andererseits sahen merkantilistisch denkende Herrscher Migranten als handelnde Wirtschaftssubjekte, die zum Gemeinwohl beitragen würden und deshalb zur Ansiedlung eingeladen wurden. Von den kirchlichen Eliten geforderte oder geförderte Religionskriege – nach modernem Verständnis ein fundamentalistisches Aufzwingen einer spezifischen Glaubensvariante durch bewaffnete Männer – trugen ebenfalls stark zur Auswanderung bei.

In der Periode demografischen Umbruchs und starker Bevölkerungszunahme im 19. Jahrhundert nahm Migration rapide zu. Der weitaus größte Teil des ländlichen Bevölkerungsüberschusses wurde in allen Teilen Europas durch Land-Stadt-Wanderung absorbiert. Auswanderer zielten erst nach Osten, dann, im Rahmen der Massenwanderung, transatlantisch auf die nordamerikanischen Gesellschaften, die bessere Optionen – aber nie unbegrenzte Möglichkeiten – boten. Die alte, auf Könige und Territorien ausgerichtete politische Geschichtsschreibung hat die Kritik, die diese Abstimmung mit den Füßen an Staat und Nation bedeutete, nie verstanden. Ein sehr kleiner Teil der weißen, europäischen Migranten konnte sich angesichts der Macht ihrer Staaten und deren weltweiter Kolonialherrschaft über weite Teile der nicht weißen Welt ausbreiten. Die postkolonialen Wanderungen aus Afrika und Asien nach Europa sind Spätfolgen der Wanderungen von weißen Europäern im 19. Jahrhundert, die Spätaussiedlerzuwanderung ist Folge früherer deutschsprachiger Wanderungen und Machtverhältnisse. Eine weitere Parallele zwischen dem 19. und 20. Jahrhundert liegt im demografischen Umbruch, jetzt in der arabischen Welt und vielen Staaten Asiens. Während etwa 55 Millionen Europäer auswandern konnten, fehlt diese Möglichkeit in der Gegenwart.

Ein Vergleich deutscher Wanderung mit Frankreich und dem Bereich der britischen Krone zeigt eine Sonderentwicklung. In Frankreich begrenzten junge Paare trotz der Macht der katholischen Kirche die Zahl ihrer Kinder früh und verhinderten so ein Bevölkerungswachstum, das Auswanderung gefördert hätte. Zudem begann die interne Land-Stadt-Wanderung früh. Die englischen Herrscher schufen durch die Unterwerfung Irlands eine Kolonie, die als Arbeitskräftereservoir für England und Schottland diente, so wie es sich sehr viel später das Deutsche Reich von einer quasikolonialen Kontrolle über Osteuropa versprach. Während in süddeutschen Gebieten das Erbrecht der Realteilung bäuerlichen Kleinbesitz zerstückelte, wurden in England und Schottland bäuerliche Familien durch die Grundbesitzer vertrieben (*enclosure*). Beides erzwang Auswanderung im Rahmen von Schuldknechtschaft oder in imperiale Siedlerkolonien. Die Großgrundbesitzer Ostelbiens und Süditaliens zwangen ihren abhängigen unterbäuerlichen Schichten ein Kontroll- und Arbeitssystem auf, das zur Massenauswanderung führte. In England konnten außerdem überzählige Söhne des Adels, die nicht erben sollten, in den militärischen oder zivilen Kolonialdienst abgeschoben werden, um Familienbesitz nicht zu zerteilen. In den deutschen Klein- und Großmachtstaaten bot nur die Armee standesgemäße Versorgung.

Erst im letzten Drittel des 19. Jahrhunderts entstanden in den europäischen Industrieregionen, ob Lancashire oder Ruhrgebiet, ausreichend Arbeitsplätze, um die Mehrzahl der ländlichen Abwanderer zu beschäftigten. In der gesamten europäischen Peripherie von Portugal bis Skandinavien und Osteuropa überstieg der Bevölkerungszuwachs die Möglichkeiten, sich einen Lebensunterhalt zu erarbeiten. Eine hohe innereuropäische Wanderung in die industrialisierenden Gesellschaften Zentral-

und Westeuropas war die Folge. Europas Zentrum wurde in den 1880er Jahren eine den USA vergleichbare Einwanderungsregion. Die politischen Reaktionen darauf variierten von Staat zu Staat. Bis zu dieser Periode erfolgte Einwanderung in Staaten und Städte «ohne Papiere», erst seit Ende des 19. Jahrhunderts nahmen Kontrollen zu, in Europa früher als in Nordamerika. Die antipolnische Politik Preußens und die daraus folgende Kontrolle über Migranten (1885) begann etwa zur gleichen Zeit wie die der USA gegenüber Arbeitsmigranten aus Asien (1882). In beiden Fällen setzte sich Rassismus gegen den Arbeitskräftebedarf durch.

Die vom Deutschen Reich ausgehende Instrumentalisierung von Auswanderern hat deren Integration in die «Gast»-Gesellschaften erschwert, die vom Reich ausgehenden Kriege haben Auswanderung durch den Tod von Millionen Deutscher verringert und wiederum die Position von Ausgewanderten erschwert. Viele haben sich bewusst von den deutschen Reichen distanziert oder distanzieren müssen. Im Britischen Imperium hingegen haben Kriegsmarine und Kolonialarmee die Auswanderer gestützt durch Vertreibung (Nordamerika) oder Unterwerfung (Afrika) der einheimischen Menschen. Erst mit der Dekolonialisierung seit den 1950er Jahren kamen Nachfahren der kolonialen Auswanderer als späte Aussiedler nach Großbritannien und nach 1962 Nachfahren kolonialer weißer Franzosen aus Algerien nach Frankreich.

Auf der Basis dieser Langzeitanalyse von Aus- und Einwanderungen, zirkulären und temporären Migrationen, Rückwanderungen und Umkehrungen von Wanderungsrichtungen nach Generationen könnte eine Neubestimmung des Verhältnisses zur eigenen Geschichte beginnen. Deutschland ist, wie alle europäischen Gesellschaften, immer eine plurale Gesellschaft gewesen, Auswanderung hat die regionalen Gesellschaften genauso verändert wie Einwanderung. Über die Jahrhunderte haben die Gesellschaften Europas einen Teil ihres eigenen Humankapitals abgeschoben und anders sozialisiertes aufgenommen. Das gilt auch für Zeiten, in denen «nationale Identität» als genetisch verankert konstruiert wurde. Menschen, die sich eine solche

Identität nicht haben aufzwingen lassen wollen, haben Zugehörigkeit, ein Zuhause – *belonging* und *embeddedness* – anderswo gesucht und oft, aber nicht immer, gefunden. Migranten, die in der Gegenwart nach Europa kommen, suchen ebenfalls Zugehörigkeit und Partizipation.

Deutsche und europäische Auswanderer kamen, wie viele der Migranten zu Beginn des 21. Jahrhunderts, aus marginal gewordenen ländlichen Lebensweisen, die Familien nicht mehr ernährten. Durch Rücküberweisungen ermöglichen sie zurückgebliebenen Familienmitgliedern, die alte Lebensweise ohne Zukunft für eine Übergangszeit fortzusetzen. Sie entschärfen dadurch eine kostenträchtige gesellschaftliche Problemlage. Gelernte Arbeiter migrierten und migrieren in urbane Kontexte, Deutsche zu Chicagoer Industriebetrieben oder Italiener zu Bremer Werften. Deutsche Einwanderer in den USA bemühten sich wie türkische in der BRD, nach Ankunft ihre Arbeitsbedingungen zu verbessern. Sie waren und sind Klischees ausgesetzt. So wie türkische Migranten in der Gegenwart oft abgelehnt werden, wurde Deutschen in den USA vorgehalten, Frauen und Kinder in Biergärten mitzunehmen und damit auch den Sonntag zu entweihen. Die Gleichschaltung von christlichen Deutschen mit Lederhosen war für diese ebenso ärgerlich wie die von muslimischen Arbeitsmigrantinnen mit Kopftüchern. Die nordamerikanischen Gesellschaften haben Lösungen gefunden. Ihre Wirtschaftsentwicklung hat von der Produktivkraft, dem Humankapital der Migranten auch dort profitiert, wo es zeitweise ethnokulturelle Konflikte gegeben hat.

Mit dem Ende des transatlantischen Wanderungssystems in den 1950er Jahren entstand in Europa ein transkontinentales Süd-Nord-System, das wie viele Migrationsprozesse durch Verstetigung, Akkulturation und Familiengründung zur Einwanderung auf Dauer führte. Männer und Frauen, die sich zwischen Sozialräumen bewegen, nehmen Alltagskultur und Sprache mit. Bei Verbleib in der eigenen Berufsgruppe – Harzer Bergleute, Istanbuler Werftarbeiter – war die Notwendigkeit für eine Adaption am Zielort oft gering. Im Zeitalter der nationalen Staaten und der Industrialisierung, in dem Stand und Fachwissen an

Bedeutung verloren, wurde Anpassung an die jeweilige regionale, ethnische oder nationale Kultur wichtig. Aber die seit den 1870er Jahren nationalistisch geforderte Assimilation hat die überwiegende Mehrzahl der Migranten damals wie heute weder leisten wollen noch können. Ortsveränderung und damit Veränderung des Sozialraumes erfordert, dessen sind sich Migranten bewusst, Veränderungen in Lebensformen durch schrittweise Akkulturationsprozesse. Dies ist auch ihr Ziel. Um den Rahmen für ihre Lebenspläne zu erweitern, wählen sie neue Gesellschaften. Nationale Eingrenzungen und rassistische Ausgrenzungen erschweren Zugehörigkeiten.

Vereinfacht sehen sich Migranten drei potenziellen Verhaltensformen gegenüber: Akkulturation als Annäherung an die neue Gesellschaft, oft über drei oder mehr Generationen; Selbstsegregation durch Koloniebildung (oft verbunden mit einem Bild eigener Überlegenheit); oder Ausgrenzung und Marginalisierung seitens der Aufnahmegesellschaft. Das Ausmaß, in dem bewusst gewollte Koloniebildung Optionen für zukünftige Lebenswege einschränkt, hat Miriam Toews in ihrer literarischen Darstellung einer mennonitischen *community* im gegenwärtigen Kanada plastisch beschrieben: Derartige Gruppen sind weder von Zäunen umgeben, noch bieten sie jungen, in ihnen sozialisierten Menschen Ausgänge. Bewusst auferlegte Ausgrenzung hat gleiche Folgen: Da Eingänge fehlen, können migrantische Männer und Frauen keine Perspektiven entwickeln, keine Optionen nutzen.

Die Entstehung eines integrierten Europas seit dem Zweiten Weltkrieg knüpft an die größeren vornationalen, transeuropäischen Optionen an. Die Überschreitung innerer Grenzen ist kaum noch wahrnehmbar, Niederlassungsfreiheit die Regel. Mit dem Fall des «Eisernen Vorhanges» ist Deutschland angesichts seiner zentralen Lage wieder zur Drehscheibe von Migrationen geworden. Das EU-Abkommen von Schengen 1985, die Abschaffung der Grenzkontrollen betreffend, ergänzt durch das Dubliner Abkommen über das Asylrecht von 1990, hebt innere Freizügigkeit hervor, bedeutet aber gleichermaßen Abgrenzung nach außen, besonders gegenüber Migranten nichtweißer Hautfarbe. Dies Konzept einer «Festung Europa» unterscheidet sich von den für Menschen aller Hautfarben offenen nordamerikanischen Einwandererstaaten, die 1963 (Kanada) und 1965 (USA) den auf «Rasse» beruhenden Ausschluss beendeten. Von den großen Migrationsstaaten halten neben Deutschland nur Israel und Japan am Konzept der Abstammung fest. Sprachlich ist dies untermauert durch die Begrifflichkeit «deutschstämmig» statt «deutschkulturell». Als Anfang der 1990er Jahre in Deutschland die Angst vor «Überfremdung» aufkam, erreichten insgesamt nicht mehr Zuwanderer Deutschland, als in Kanada seit Langem Jahr für Jahr aufgenommen werden, ohne dass dadurch Probleme aufgetreten wären.

So wie das Deutsche Reich 1897 ein Auswanderungsgesetz erst verabschiedete, als bereits 5,5 Millionen Menschen ausgewandert waren, verabschiedete die Bundesrepublik ein Zuwanderungsgesetz erst 2004 (Inkrafttreten 2005), ein halbes Jahrhundert nach Beginn der Anwerbung von Arbeitsmigranten als Gastarbeiter. Statt Zugehörigkeit zu fördern, wie es Einwandererstaaten bei den deutschen Auswanderern taten, musste sich 1991 ein Regelwerk mit dem Titel «Ausländergesetz» statt «Einwanderungsgesetz» damit befassen, dass in Deutschland geborene und eingeschulte Kinder von zugewanderten Eltern Ausländer blieben. Zu diesem Zeitpunkt waren drei Viertel der minderjährigen Kinder türkischer Eltern in Deutschland zur Welt gekommen, und doch waren sie staatsbürgerlich Türken, nicht «Türkischdeutsche», wie die Kinder deutscher Einwanderer in den USA «Deutschamerikaner» wurden. Der Vergleich der Behandlung deutscher Auswanderer in Nordamerika und der Einwanderer in Deutschland hätte Denkanstöße geben können, um Ausgrenzungen und die sich daraus ergebenden Probleme zu vermeiden. Was Aus-, Zu- und Einwanderung insgesamt betrifft, ist Deutschland Teil europäischer Geschichte, in Hinblick auf die Behandlung von Zuwanderern haben alle Deutschlands – «Zweites Reich», Weimarer Republik, «Drittes Reich», BRD und DDR – einen Sonderweg gewählt.

Literatur

Studien zu Migration aus und in die deutschsprachigen Regionen sind Legion. Mit wenigen Ausnahmen sind die Publikationen vor 1950 (und zum Teil später), besonders jene, die ostwärts gerichtete Wanderungen behandeln, durch die jeweilige politische Agenda und nationale oder nationalistische Position des Autors gekennzeichnet.

Historiografie

Bade, Klaus J., «Sozialhistorische Migrationsforschung», in: Ernst Hinrichs, Henk van Zon (Hg.), Bevölkerungsgeschichte im internationalen Vergleich: Studien zu den Niederlanden und Nordwestdeutschland (Aurich 1988), 63–74.

Helbich, Wolfgang, «German Research on German Migration to the United States», Amerikastudien (erscheint 2010).

Marschalck, Peter, «Demographie zwischen Ökonomie und Biologie. Zur Entwicklung der Bevölkerungswissenschaft in Deutschland im 19. und 20. Jahrhundert», in: Rainer Mackensen (Hg.), Bevölkerungslehre und Bevölkerungspolitik vor 1933 (Opladen 2002), 105–119.

Piskorski, Jan, «Die deutsche Ostsiedlung des Mittelalters in der Entwicklung des östlichen Mitteleuropa. Zum Stand der Forschungen aus polnischer Sicht», in: Jahrbuch für die Geschichte Mittel- und Ostdeutschlands 40 (1991), 27–84.

Nachschlagewerke (mit umfangreichen Literaturangaben)

Adam, Thomas (Hg.), Germany and the Americas. Culture, Politics, and History. A Multidisciplinary Encyclopedia, 3 vols. (Santa Barbara, Oxford 2005).

Bade, Klaus J., Pieter C. Emmer, Leo Lucassen, Jochen Oltmer (Hg.), Enzyklopädie Migration in Europa vom 17. Jahrhundert bis zur Gegenwart (Paderborn, München 2007).

Gesamtdarstellungen: Europaweit und weltweit

Bade, Klaus J., Europa in Bewegung: Migration vom späten 18. Jahrhundert bis zur Gegenwart (München 2000).

Harzig, Christiane, Danielle Juteau, with Irina Schmitt (Hg.), The Social Construction of Diversity: Recasting the Master Narrative of Industrial Nations (New York 2003).

Hoerder, Dirk, Cultures in Contact. World Migrations in the Second Millennium (Durham, NC, 2002).

Hoerder, Dirk, with Christiane Harzig, Adrian Shubert (Hg.), The Historical Practice of Diversity: Transcultural Interactions from the Early Modern Mediterranean to the Postcolonial World (New York 2003).

Moch, Leslie Page, Moving Europeans: Migration in Western Europe since 1650 (Bloomington 1992, 2. Aufl. 2003).

Gesamtdarstellungen: Deutschsprachiger Raum

Bade, Klaus J., Vom Auswanderungsland zum Einwanderungsland? Deutschland 1880–1980 (Berlin 1983).

Bade, Klaus J. (Hg.), Deutsche im Ausland. Fremde in Deutschland. Migration in Geschichte und Gegenwart (München 1992).

Marschalck, Peter, Bevölkerungsgeschichte Deutschlands im 19. und 20. Jahrhundert (Frankfurt/M. 1984).

Marschalck, Peter, Deutsche Überseewanderung im 19. Jahrhundert. Ein Beitrag zur soziologischen Theorie der Bevölkerung (Stuttgart 1973).

Oltmer, Jochen, Migration im 19. und 20. Jahrhundert. Enzyklopädie deutscher Geschichte (München 2010), mit umfassender Bibliografie.

Spezielle Themen und Regionen

Bade, Klaus J., Jochen Oltmer (Hg.), Aussiedler. Deutsche Einwanderer aus Osteuropa (Osnabrück 1999).

Barkai, Avraham, Branching Out. German-Jewish Immigration to the United States 1820–1914 (New York 1994).

Beier-de Haan, Rosmarie (Hg.), Zuwanderungsland Deutschland. Migrationen 1500–2005, Ausstellungskatalog (Berlin 2005).

Borgolte, Michael, «Migrationen als transkulturelle Verflechtungen im mittelalterlichen Europa», in: Historische Zeitschrift 289 (2009), 261–85.

Chmelar, Hans, Höhepunkte der österreichischen Auswanderung (Wien 1974).

Cohn-Bendit, Daniel, Thomas Schmid, Heimat Babylon. Das Wagnis der multikulturellen Demokratie (Hamburg 1992).

Conzen, Kathleen Neils, Making Their Own America. Assimilation Theory and the German Peasant Pioneer (Oxford 1990).

Deutsche Geschichte im Osten Europas, begr. von Werner Conze, hg. von Hartmut Boockmann et al., 10 Bde. (Berlin 1992–2002).

Engelmann, Frederick C., Manfred Prokop, Franz A. J. Szabo (Hg.), A History of the Austrian Migration to Canada (Ottawa 1996).

Fröschle, Hartmut (Hg.), Die Deutschen in Lateinamerika. Schicksal und Leistung (Tübingen 1979).

Hahn, Sylvia, Migration, Arbeit und Geschlecht. Mitteleuropa in vergleichender Perspektive, 17.–19. Jahrhundert (Göttingen 2007).

Harzig, Christiane (Hg.), Peasant Maids – City Women (Ithaca, NY, 1997).

Herbert, Ulrich, Geschichte der Ausländerbeschäftigung in Deutschland 1880 bis 1980. Saisonarbeiter, Zwangsarbeiter, Gastarbeiter (Berlin-West 1986).

Hoerder, Dirk, Jörg Nagler (Hg.), People in Transit. German Migrations in Comparative Perspective, 1820–1930 (Cambridge 1995).

Hoffmann, Lutz, Die unvollendete Republik. Zwischen Einwanderungsland und deutschem Nationalstaat (Köln 1990).

Keil, Hartmut, John B. Jentz (Hg.), German Workers in Industrial Chicago, 1850–1910. A Comparative Perspective (DeKalb, IL, 1983).

Leggewie, Claus, MultiKulti. Spielregeln der Vielvölkerrepublik (Berlin 1990).

Marrus, Michael R., Die Unerwünschten – The Unwanted. Europäische Flüchtlinge im 20. Jahrhundert (Bremen 1999, engl. Orig. 1985)

Maurer, Trude, Ostjuden in Deutschland, 1918–1933 (Hamburg 1986).

Motte, Jan, Rainer Ohlinger, Anne von Oswald (Hg.), 50 Jahre Bundesrepublik – 50 Jahre Einwanderung. Nachkriegsgeschichte als Migrationsgeschichte (Frankfurt/M., New York 1999).

Münz, Rainer, Wolfgang Seifert, Ralf Ulrich, Zuwanderung nach Deutschland. Strukturen, Wirkungen, Perspektiven (Frankfurt/M., New York 1997).

Nolte, Hans-Heinrich (Hg.), Deutsche Migrationen (Münster 1996).

Panayi, Panikos, German Immigrants in Britain during the Nineteenth Century, 1815–1914 (Oxford 1995).
Sauer, Angelika E., Matthias Zimmer (Hg.), A Chorus of Different Voices. German-Canadian Identities (New York 1998).
Schelbert, Leo, Einführung in die schweizerische Auswanderungsgeschichte der Neuzeit (Zürich 1976).
Schmalz-Jacobsen, Cornelia, Georg Hansen (Hg.), Ethnische Minderheiten in der Bundesrepublik Deutschland. Ein Lexikon (München 1995).

Ortsregister